Qoo10

누구나 따라할 수 있는 **기막힌**

큐텐 재팬 판매

끝장 바이블

셀러 가입,
잘팔리는 아이템 소싱
및 배송 노하우

상품등록 및
상위노출 방법과
주문관리 방법

광고 및 마케팅,
판매 및
운영 전략 비법

저자의 10년
노하우가 담긴
판매 비법 대공개

큐텐 재팬
창업 15일
운영 계획표 제공

누구나 따라할 수 있는 **기막힌**

큐텐 재팬 판매 끝장 바이블

초판 1쇄 인쇄 | 2021년 8월 20일
초판 1쇄 발행 | 2021년 8월 30일

지 은 이 | 장진원
발 행 인 | 김병성
발 행 처 | 앤써북
편 집 진 행 | 조주연
주 　 　 소 | 경기 일산 서구 가좌동 565번지
전 　 　 화 | (070)8877-4177
팩 　 　 스 | (031)919-9852
등 　 　 록 | 제382-2012-0007호
도 서 문 의 | answerbook.co.kr

I S B N | 979-11-85553-85-6 13000

Preface
머리말

아마존 (Amazon) 강사가 Qoo10 책을 왜 냈을까?

필자는 아마존 강사였다. 코로나 이전 활발한 아마존 강의를 했었고, 베스트셀러인 "혼자서도 할 수 있는 아마존 월 매출 1억 만들기"의 저자이기도 하다. 이 책 이전에도 아마존 관련 책을 출판하기도 했다. 그렇다면 필자는 사람들에게 관심 많은 아마존 책을 출판할 것이지 왜 Qoo10 책을 출판했을까?

Qoo10 책을 집필하게 된 이유는 단순하다. 세상은 변하고 있고 그래서 해외 마켓도 현재 많이 변했다. 필자가 강의를 하면 항상 사업은 타이밍이며, 또한 영원한 것은 없다고 말한다. 필자가 아마존을 시작할 때에 비하면 현재 아마존은 너무나 많은 규제가 생겼다. 규제로 인한 상품제한과 자칫 잘못하면 아마존 계정은 영구 정지가 될 수 있다. 그래서 아마존만 믿고 판매하기에는 너무 많은 위험과 제약이 따른다.

Qoo10도 계정에 따른 위험도가 없는 것은 아니지만 소위 아마존 판매자들이 갖는 불합리한 상황이 적은 상황이다. 그렇다고 현재 필자가 아마존에서 판매를 안하는 것은 아니다. 하지만 아마존 매출을 과거 대비 많이 줄이고 Qoo10 재팬 판매에 집중한 결과 아마존 보다 2배 이상의 매출을 만들었다. Qoo10 재팬에 더욱 신경 쓰면서 Qoo10 재팬의 성장 가능성을 보았고, 이는 필자가 이 책을 집필하게 만들었다.

그렇게 좋은 Qoo10 Japan 이라면 혼자만 알고 있지 왜 책으로 펴냈을까?

강사를 하면서 가장 많이 듣는 말이다. Qoo10 재팬에 많은 셀러가 생긴다는 것이 가까이 보면 필자의 입장에서는 손해를 보는 것 같지만 멀리 보면 필자의 입장에서도 이익이다. 한 예로 한국에 많은 해외 온라인 셀러가 생겨야 해외 배송업체도 경쟁이 생겨 배송비 감소효과를 볼 수 있다. 또한 해외배송 인프라나 시스템도 좋아 질 수 있다. 거기에 더해 정부에서도 많은 관심을 갖게 되면 해외 판매자에 대한 여러 지원 정책으로 인해 필자도 혜택을 받을 수 있다. 또한 국내 공급업체들도 한국에서만 판매하는 것이 아니라 손쉽게 해외 온라인 판매를 하게 되면서 자연스레 상품 생산도 증가하게 되고, 이는 곧 상품 공급가 하락을 가져 올 수 있다. 이외에도 많은 긍정적이 효과가 있다.

현재 글로벌 온라인 시장에서 절대 강자는 중국 셀러이다. 세계 글로벌 온라인 셀러 비중을 보면 90%이상이 중국 셀러라는 보고서가 있다. 그에 비해 한국 셀러는 해외 온라인시장에서 3%가 안된다고 한다. 필자가 한국에 더 많은 해외 온라인 셀러가 생겨야 한다는 근거 있는 주장은 여기에 기반을 두고 있다.

이 책 하나면 충분하다!!

이 책은 정말 우여곡절 끝에 만들었다. 그 이유 중 하나가 필자의 해외 온라인 매출 증대 때문이다. 코로나 때문에 매출 피해 보신 분들도 계시지만 필자는 오히려 매출이 더 늘어난 케이스다. 사업운영하면서 바쁜 와중에 책을 낸다는 것은 정말 쉽지 않다. 그렇다고 책을 소홀히 쓰지 않았다. 오히려 실제로 Qoo10을 운영하고 있기에 책 내용은 좀 더 디테일하고 판매자 입장에서 이해하기 쉽게 쓰여졌다. 그래서 단연코 말하지만 Qoo10 재팬 판매함에 있어 이 책 한 권이면 충분하다고 자신있게 말할 수 있다.

이 책을 보고 조금이라도 "이런 세상이 있구나"라는 세상 보는 관점을 바꿔 보고 이를 판매로 실천해 또 하나의 수입 파이프라인을 만들기 바란다. 돈을 벌 수 있는 기회는 결국 타이밍이다!

장진원

독자 지원 센터

앤써북 공식 카페의 [도서별 독자지원센터]–[Qoo10큐텐재팬 판매 끝장 바이블] 게시판에서 [글쓰기] 버튼을 클릭하여 궁금한 내용을 질문할 수 있고 저자로부터 답변 받을 수 있습니다. 단, [카페 가입하기] 버튼을 클릭하여 앤써북 카페에 회원가입 후 진행할 수 있습니다.

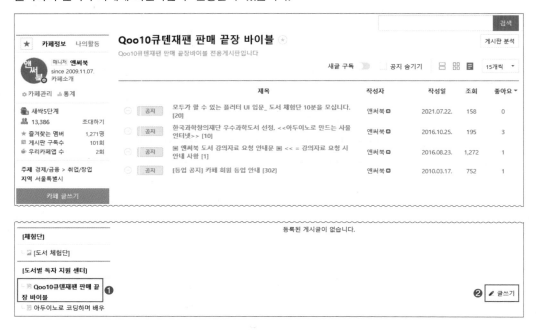

질문글 어떤 내용인지 알 수 있도록 제목에 다음과 같이 "질문 내용"을 작성한 후 [등록] 버튼을 누릅니다. 질문 글은 최대한 빠른 시간에 저자님께서 답변드릴 수 있도록 하겠습니다.

Contents

목 차

Contents
목 차

PART 03

아이템 및 해외 배송 회사 선택하기

Contents
목 차

Contents
목 차

Chapter 04

큐텐 재팬 상품 등록하기

Contents

목 차

PART 05

주문관리 및 고객 응대

Contents

목 차

Chapter 06

큐텐 광고 및 마케팅 전략

Contents

목 차

Contents

목 차

Contents

목 차

PART 09

10년 선배가 조언하는 매출성공 및 실폐 사례

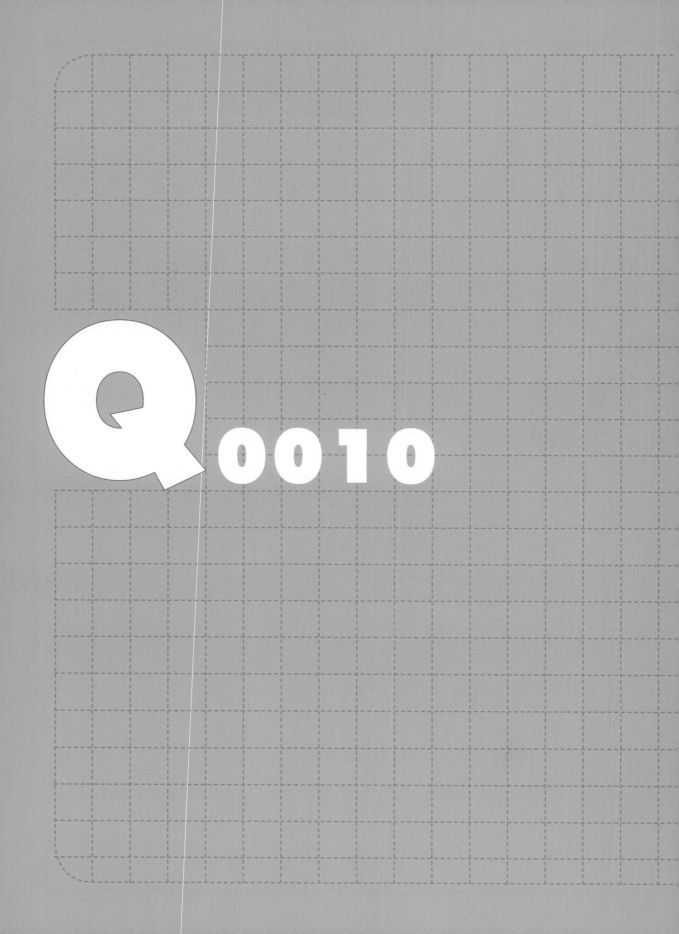

PART 01

아마존보다 큐텐 재팬
판매가 더 좋은 이유

01 _ 국내 창업도 어려운데 해외 온라인 창업은 괜찮을까?

1 _ 온라인 쇼핑 동향 살펴보기

대한민국의 오프라인 창업 시장 상황은 녹녹치 않은 게 현실이다. 다니던 직장을 퇴사하면 "치킨 창업이나 해야지"라는 말은 더 이상 하지 못하는 상황이 되어버렸다. 최저임금 상승과 녹녹치 않은 경제 상황 등 앞으로 창업 시장 상황은 나아질 기미가 없다고 생각한다. 그렇다면 국내 온라인 창업 시장 상황은 어떠한가? 조금만 유행 되면 치열한 경쟁을 감안해야 한다. 거기다 인구 감소와 고령화로 인해 전체 국내 소비 시장의 규모는 점점 작아질 수밖에 없다.

필자가 말하고 싶은 것은 미래를 준비해야 한다는 것이다. 해외 온라인 시장은 아직도 성장기에 있는 상황이다. 이번에 설명하는 Qoo10 재팬을 통해 판매 경험을 쌓은 다면 다양한 국가로 진출도 가능하다. 한 번에 여러 마켓이나 국가에 진출하면 좋겠지만 성공 가능성은 매우 낮다. 대표적인 이유가 한 나라의 문화와 소비 성향을 파악하고 해당 해외 온라인 마켓에 적응하는 데에는 상당한 시간이 필요하기 때문이다. 우선 간단한 해외 온라인 수출시장(한국 -> 해외 국가 수출)을 보자.

코로나 여파가 있지만 중국을 제외한 해외 온라인은 전체 매출액이 증가하고 있다. 중국은 여러 변수가 많아 매출이 크게 감소한 것으로 보인다.

◆ 출처 : 통계청 2021년 3월 온라인 쇼핑 동향

일본 시장은 우리나라 전체 판매액에서도 적지 않은 비중을 차지하는 국가이며 매년 성장하고 있다. 전분기 대비 −29.6%는 아무래도 1년 중 전체매출액이 가장 높은 4분기와 비교하다 보니 1분기의 증감율이 마이너스로 표시 되었다.

< 국가(대륙)별 온라인 해외 직접 판매액 >

(억원, %)

	2020년		2021년		증감률	
	1/4분기	4/4분기	1/4분기ᴾ	면세점	전분기비	전 년 동분기비
합 계	15,300	15,176	11,782	9,724	-22.4	-23.0
미국	492	725	609	1	-16.1	23.9
중국	13,290	13,172	10,176	9,634	-22.8	-23.4
일본	422	638	449	0	-29.6	6.4
아세안	554	268	220	24	-18.0	-60.3
유럽연합	110	101	99	0	-2.0	-10.1
중동	33	28	20	0	-26.0	-37.9
중남미	34	36	25	0	-31.5	-28.9
대양주	32	44	40	0	-8.4	27.0
기타	333	163	143	65	-12.0	-56.9

♦ 출처 : 통계청 2021년 3월 온라인 쇼핑 동향

온라인 수출 판매 아이템 중 가장 많이 팔리는 상품은 화장품이다. 그 뒤를 패션 아이템이 따르고 있다. 중국의 판매 영향으로 화장품 비중이 크지만 미국과 일본에서 많이 판매가 되는 아이템이기도 하다. 하지만 판매가 많이 되는 만큼 경쟁자들도 많아 수익성은 많이 떨어지는 아이템이기도 하다.

< 상품군별 온라인 해외 직접 판매액 >

(억원, %)

	2020년		2021년		증감률	
	1/4분기	4/4분기	1/4분기ᴾ	면세점	전분기비	전 년 동분기비
합 계	15,300	15,176	11,782	9,724	-22.4	-23.0
컴퓨터및주변기기	41	36	42	0	18.1	2.1
가전·전자·통신기기	129	131	108	42	-18.2	-16.4
소프트웨어	2	4	2	0	-46.7	14.8
서적	67	70	57	0	-18.6	-14.8
사무·문구	16	14	31	0	125.8	88.5
음반·비디오·악기	332	774	443	0	-42.8	33.3
의류 및 패션 관련 상품	886	995	786	62	-21.0	-11.3
스포츠·레저용품	41	64	41	0	-35.5	-0.6
화장품	13,135	12,658	9,838	9,610	-22.3	-25.1
아동·유아용품	43	50	51	0	2.8	19.7
음·식료품	155	36	53	10	47.0	-65.9
농축수산물	0	0	0	0	-16.2	-3.1
생활용품 및 자동차용품	104	82	80	0	-2.4	-23.6
기 타	348	262	250	0	-4.6	-28.1

< 상품군별 온라인 해외 직접 판매액 구성비 >

♦ 출처 : 통계청 2021년 3월 온라인 쇼핑 동향

2 _ 해외 온라인 창업을 해야 되는 이유

필자가 생각하는 해외 온라인 창업을 해야만 하는 자세한 이유는 다음과 같다.

❶ 어차피 백지 상태다!

창업이 처음이라면 국내나 해외나 별반 다르지 않다고 생각한다. 당연히 국내 마켓이 시작은 쉬울 수 있으나, 사업을 진행하다 보면 그 한계가 명확하게 들어난다. 특히 자본금 대비 한정된 시장에서의 매출 한계를 쉽게 체감할 수 있다. 하지만 해외 온라인 마켓은 처음 시작은 국내에서 시작하는 것보다 어렵겠지만 무한한 시장 확대에 미래를 더욱 크게 그려 볼 수 있다.

❷ 경쟁자가 적다

국내 온라인 셀러 숫자와 비교하면 해외 온라인 셀러는 터무니없이 적은편이다. 그러다 보니 해외 마켓 상품들을 보면 같은 상품을 판매하는 셀러가 국내에 비해 많은 편이 아니다.

❸ 한국 상품 수가 적다

한국 셀러가 적다보니 해외 온라인 마켓에는 한국 상품이 생각보다 많이 적다. 그래서 판매할 상품이 국내 보다 많은 편이다. 판매한 고객과 잘 소통하다보면 한국 셀러들이 판매하고 있지 않은 마진 좋은 아이템을 판매할 수 있는 기회가 많다.

❹ 해외로 진출할 시장이 너무 많다

해외 온라인 시장은 현재 성장기 시장이다. 그래서 해외 시장은 점점 많아지고 그 규모가 커지고 있다. 현재 한국에서 시작할 수 있는 해외 온라인 시장은 10개가 넘는다. 필자도 모든 시장에 진출하고 싶지만 지금 운영하고 있는 4개 마켓을 운영하기도 벅차기 때문에 다른 시장은 엄두를 내지 못하고 있다. 당연히 여유가 생기는 대로 많은 해외 온라인 시장에 진출할 계획이다.

❺ 상품 판매 규제가 국내보다 적다

해외 시장이기 때문에 상품규제가 심할 것이라 생각하지만 국내 온라인 마켓보다 규제는 덜한 편이다. 물론 아마존 마켓은 제외이다. 아마존 마켓을 제외한 다른 마켓은 식품, 건강식품, 아동용품 등 규제와 인증이 심한 제품을 별다른 절차 없이 상품을 등록해서 판매 가능한 경우가 많다. 마켓마다 별도의 정책을 갖고 있지만 크게 제한을 두고 있지 않는 상황이다.

❻ 후기가 곧 무기가 된다

필자가 단연코 말하지만 해외 온라인은 판매가격이 전부가 아니다. 해외 온라인은 셀러가 오래 판매하면 할 수록 판매가 잘되는 케이스가 많다. 해외 마켓 특성상 고객들이 남긴 상품후기가 곧 셀러의 신용평가이기 때문에 다른 셀러가 저렴한 가격에 판매한다고 해서 그 셀러의 상품을 구매하기보다 비싸도 상품 후기가 많이 쌓인 상품을 구매하는 경우가 많다. 이렇다 보니 상품을 먼저 등록해서 상품후기를 많이 쌓아놓으면 월급과 같은 꾸준한 수익을 보장하는 경우가 많다. 필자는 5~6년 넘게 판매하는 상품이 전체 상품 중 30%가 넘는다.

❼ 현재 가장 팔기 좋은 상황이다

해외이슈에 관심이 없다면, BTS(방탄소년단)의 영향력이 얼마나 대단하지 모를 것이다. 물론 다른 케이팝 가수들의 영향력은 해외에서 대단하다. 해외의 많은 케이팝팬들이 한국에 관심을 같게 되면서 자연스레 한국 상품에도 많은 관심을 갖고 있다. 상상외로 한국 상품이라는 이유로 많은 상품들이 온라인에서 판매되고 있다.

3 _ 해외 온라인 판매의 단점

다음 항목은 온라인 판매의 단점들이다.

❶ 초기 진입 어렵다

해외 온라인 시장의 진입을 막는 가장 큰 두 요인은 "언어"와 "비싼 배송비"이다. 해외 시장이다 보니 그 나라의 언어와 문화에 익숙해지는 데에 시간이 필요하다. 언어는 구글 번역기로 해결 가능하지만 문화는 공부와 경험이 필요하다.

해외는 상품의 무게와 부피에 따라 배송비가 달라지기 때문에 초기에 판매가 산정에 어려움을 갖는 경우가 많다. 또한 배송비가 비싸기 때문에 판매할 상품이 가격 경쟁력이 없다고 생각하는 경우도 많다. 이는 판매하다보면 익숙해질 수 있는 부분이기도 하다.

❷ 상품 반응이 느리다

해외 고객들에게 한국 상품은 생소한 부분이 많기 때문에 주문을 주저하는 경우가 많다. 한국에서 아무리 인기 좋은 상품이라도 해외 마켓에서는 판매가 저조할 수 있다. 광고를 적극 진행한다고 해서 매출이 늘 수 있는 상황은 아니다. 하지만 시간을 두고 판매하면서 상품 후기가 쌓이기 시작하면 어느 순간 매출이 극단적으로 올라가는 경우가 많다.

❸ 상품 반품처리가 어렵다

해외 배송 특성상 상품 반품처리가 어렵다. 상품의 하자나 오배송으로 인한 반품처리 비용이 상품을 발송 했을 때 비용보다 비싼 경우가 많다. 그래서 저가의 상품인 경우, 고객에게 선물로 증정하는 경우가 많다. 해외 온라인 사업자는 부가세 환급이라는 무기가 있기 때문에 여기에서 비용을 제외하는 경우가 많다.

자세한 사항은 "PART 08 세금신고 및 부가세 환급받기"에서 세금신고 부분을 참고하기 바란다. 필자의 경험으로 보았을 때 전체 판매 개수 대비 반품비율은 1~2% 정도 차지한다.

02 _ 왜 큐텐 재팬에서 판매해야 하는가?

1 _ 일본 온라인 시장 현황

일본은 세계경제 3위의 규모에 인구 1억 3천만 명을 갖고 있지만 한국만큼 온라인 시장이 발달하지는 않았다. 인터넷 보급률이 93%정도인데 참 아이러닉한 나라이기도 하다. 일본은 전통적으로 신뢰에 바탕을 두고 상품을 거래하는 성향이 깊어 실제로 상품을 보고, 만져 보는 것을 즐겨하는 시장이다. 그래서 일본 온라인 시장을 인구 대비 아직도 성장기 시장이라고 말할 수 있다. 최근 젊은 세대와 스마트폰을 기반으로 빠르게 온라인 시장이 성장하고 있다. 현재 일본 이커머스의 사용자는 전체 인구 중 88.9만 명이다. 한국에 비해 약 3배가 넘는 숫자라 할 수 있다.

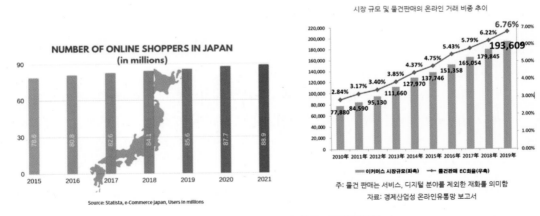

◆ 출처 : 코트라 해외뉴스

일본 전자상거래 상품 비율을 보면 패션 부분이 가장 크고 식품, 생활가전, 생활잡화가전 순이다. 전세계 전자상거래 비율로 보면 패션 부분이 압도적으로 큰 경우가 많은데 현재 일본 마켓의 상품비율이 일반 상품과 거의 비슷하다는 것은 마켓 자체가 아직 성장 가능성이 크다고 볼 수 있다.

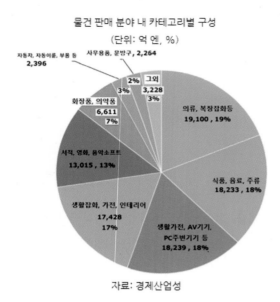

물건 판매 분야 내 카테고리별 구성
(단위: 억 엔, %)

자동차, 자동이륜, 부품 등
2,396

사무용품, 문방구, 2,264

그외
3,228
3%

2%
3%

화장품, 의약품
6,611
7%

의류, 복장잡화 등
19,100, 19%

서적, 영화, 음악소프트
13,015, 13%

생활잡화, 가전, 인테리어
17,428
17%

식품, 음료, 주류
18,233, 18%

생활가전, AV기기,
PC주변기기 등
18,239, 18%

자료: 경계산업성

◆ 출처 : 코트라 해외뉴스

2 _ 한국 셀러가 큐텐 재팬에서 판매하면 좋은 점

현재 알고 있는 해외 온라인 마켓이 있냐고 물어본다면 대부분 아마존 닷컴 이외에는 거의 모를 것이다. 아무래도 언론노출과 상품구입 빈도수가 많기 때문에 아마존 외 다른 해외 마켓은 거의 모를 것이다.

이런 상황에서 자신이 국내에서 판매하던 상품을 해외 온라인에서 판매하고 싶거나 창업을 하고 싶다면, 본인의 상황에 맞는 마켓에 판매하는 것이 중요하다. 예를 들어 해당 해외 온라인 마켓의 규제로 상품등록이 안 될 수 있으며, 또한 해당국가의 통관 규제로 인해 세금발생과 통관의 어려움이 발생할 수 있으며, 심각한 상황인 경우 해당 마켓의 정책으로 인해 판매대금을 못 받을 수 있는 상황이 바랭할 수 있다. 본인이 아마존 밖에 모르거나 언론에서 많이 다루어졌다고 반드시 아마존 마켓이 최고의 마켓은 아니라고 말하고 싶다.

그렇다면 저자는 수많은 해외 마켓 중 왜 일본이고 큐텐(Qoo10)이라는 마켓을 소개하는 것일까? 그 이유를 정리하면 다음과 같다.

• 큐텐 재팬에서 판매하면 좋은 점

- 문화적으로 비슷한 측면이 많다.
- 일본은 세계경제규모 3위의 국가다.
- 케이팝 관련 소비가 가장 많은 국가다.
- 국내는 반일운동이 거세지만 현재 일본 소비자들은 한국 상품과 콘텐츠에 굉장히 호의적이다.
- 해외 배송비가 가장 저렴하다.
- 해외 배송이 가장 쉽게 세팅되어 있는 마켓이다.
- 메뉴얼이 가장 잘 한글화되어 있다.
- 한국 셀러를 위한 고객센터가 있다.
- 판매 중 발생하는 모든 문제를 한국어로 해결 가능하다.
- 판매 정산금 수취가 수월하다.
- 상품등록이 쉽고, 상품규제가 타 마켓들에 비해 적다.
- 적은 비용으로 상품노출이 가능하다.
- 다른 마켓이 비해 판매수수료가 저렴하다.
- 현재 일본에서 "한류 상품=큐텐 재팬"이라는 공식이 성립하고 있다.

필자는 창업 후 제일 먼저 해외 판매를 시작한 마켓은 큐텐이다. 큐텐 재팬의 성장을 지켜 봐왔던 사람 중에 한 명이다. 큐텐 재팬이라는 마켓은 갑자기 생긴 마켓이 아니다. 온라인 불모지라는 일본에서 10년 넘게 운영해오고 있는 베테랑 마켓이다.

필자의 여러 해외 마켓 중 큐텐 매출의 비중은 40%가 넘는다. 결코 작은 마켓이 아니다. 물론 아마존 재팬과 라쿠텐이라는 큰 기업에 비하면 그 매출 규모가 작지만 한국 상품을 판매 한다고 하면, 결코 작은 마켓은 아니다. 필자는 큐텐에서 수십억 이상의 매출을 내고 있다. 필자뿐만 아니라 이미 많은 한국 쇼핑몰들은 큐텐 재팬 진출을 필수 코스로 여기고 있다. 특히 한국 쇼핑몰 의류들은 큐텐 재팬에서 어렵지 않게 볼 수 있다. 큐텐 재팬의 안정된 매출과 접근 용이성에 근거하여 큐텐에서의 판매를 강력 추천한다!!!

03 _ 아마존 VS 큐텐

----

1 _ 매출 규모보다 순이익이 더 좋은 곳

필자는 Amazon Japan과 Qoo10 Japan 두 곳 모두에서 판매 활동을 하고 있다. 그래서 누구보다도 이 두 마켓의 차이점을 잘 알고 있다. 각 마켓의 장단점은 너무나 뚜렷하다. 물론 거래규모를 보면 아마존 재팬이 압도적으로 큰 마켓이다. 하지만 셀러에게 있어 좋은 마켓이란 매출 규모도 중요하지만 순이익이 많은 곳일 것이다.

두 마켓의 장단점을 떠나 매출이 동일하다는 조건하에서 어느 마켓이 순이익이 더 좋은가를 비교해 보고자 한다. 물론 단순 비교하는 것이 무리가 있지만 비교해볼 가치는 충분히 있다고 생각한다. 다시 말하지만 필자는 해외 마켓만 10년 넘게 판매하고 있는 셀러이다. 정확한 숫자 제시는 어렵지만 주요 사실로 인한 비교는 어느 정도 납득이 가능할 것이다.

2 _ 3가지 핵심 항목 비교하기

❶ 판매수수료 비교

의류를 동일한 마진으로 설정해서 판매한다는 조건으로 판매수수료를 비교해보면 아마존 재팬의 판매수수료와 입금수수료를 생각하면 약 17%정도이고 큐텐 재팬은 12%이다. 가장 기본적인 판매수수료만 비교해보아도 약 5%정도 차이가 있다.

❷ 제품 광고비 비교

모든 해외 마켓 중 매출 비중이 높은 카테고리는 패션 카테고리이다. 그래서 경쟁이 치열하다. 패션 카테고리 부문이 광고비가 비싸게 책정되는 경우가 많은 유이이기도하다. 당연히 아마존의 시장규모가 큐텐보다 크기 때문에 상품 광고비가 2~5배 이상 비싸다. 하지만 큐텐은 광고 가성비가 우수한 편이다. 큐텐은 3~5만 원 정도만 지출해도 큐텐 내에서 노출비중이 높은 광고를 진행할 수 있다. 큐텐에서 광고를 진행한다고 해도 아마존에서 광고 진행 했을 때 보다 매출이 적을 수 있지만 광고 단가 대비 순이익과 매출은 만족할 만한 수준이라고 생각한다.

❸ 반품정책 비교

해외 온라인 셀러에게 가장 치명적으로 손해를 주는 것이 해외 반품이다. 해외 셀러에게 있어 반품은 곧 수익감소이다. 우선 고객의 변심으로 반품신청이 왔을 때 아마존 재팬의 반품 정책은 일본 고객에게 일본 현지 반품 주소를 제공해야 한다. 일본의 현지 창고가 없고 한국으로 직접 반품을 받기 원한다면 고객의 변심 반품이라도 반품 배송비는 셀러가 부담해야 한다. 반면에 Qoo10 Japan 같은 경우는 고객이 직접 한국으로 반품하게 되어 있어 셀러가 부담할 비용은 없다. 이러한 시스템 때문에 일본 고객들은 상품을 반품하기 보다는 그대로 사용하는 경우가 많다. 아마존 고객 같은 경우는 아마존 내의 여러 무료 반품 정책 때문에 변심 반품이라도 반품비용을 지불하려고 하지 않는 경우도 많다. 필자의 경험으로 보면 두 마켓에 100건을 각각 판매 했을 때 반품요청 비율을 보면 아마존 고객의 반품 요청이 2~3배 정도 많은 편이다.

앞에서도 얘기 했지만, 사실 아마존과 큐텐을 비교하는 것 자체가 무리이다. 하지만 막상 셀러가 두 마켓을 판매하다 보면 더 크게 체감할 수 있는 부분이다. 해외 마켓에서 어느 정도 판매 경험이 있는 셀러라면 공감할 수 있는 내용이라 생각한다.

이제 막 시작한 초보 셀러라면 저렴한 수수료와 광고가 가능한 Qoo10 Japan을 추천한다. 큐텐이 아마존 보다 시장이 작다고 매출이 적게 나오는 것이 아니다. 전적으로 셀러의 노력만 바탕이 된다면 Qoo10 Japan에서 안정적으로 수익 좋은 매출을 만들 수 있다.

04 _ 큐텐 판매 시작 전 가장 궁금해 하는 점 11가지

해외 온라인 마켓 판매는 국내 판매 상황과 많이 다르기 때문에 여러 궁금한 점이 있을 수 있다. 그 중 많이 질문하는 몇 가지를 알아보자.

Q 큐텐 재팬 사이트에 회원 가입하려면 사업자 등록증이 필요한가요?

A 회원 가입을 진행 할 때는 사업자가 필요 없습니다. 하지만 상품이 판매가 시작되면 사업자 등록증을 발급 받아야 합니다. 해외 온라인 마켓은 사업자가 없으면 오히려 손해입니다. 자세한 사항은 세금 신고 부분을 참고하세요.

Q 큐텐 재팬에 판매하려면 일본어를 잘해야 하지 않나요?

A 필자는 일본어를 전혀 못 합니다. 큐텐 판매를 시작 할 때부터 구글 번역기와 네이버 파파고 번역기를 이용해서 판매를 진행했습니다. 물론 현재도 번역기를 이용해 판매를 진행하고 있다. 현재 번역기는 계속 진화하고 있습니다. 판매 진행하는 데에는 전혀 문제되지 않습니다.

Q 식품, 유아용품, 건강식품 등을 판매하려면 별도 인증서류가 필요한가요?

A 별도의 인증서류 없이 바로 상품등록이 가능합니다. 하지만 의약품이나 건강마사지 상품은 별도 인증서류가 필요합니다. 일본 고객이 구매함에 있어 개인적인 사용 목적으로 구매가 이루어지기 때문 상품등록과 일본 통관에 전혀 문제가 없습니다. 국내에서 개인이 해외에서 건강식품을 구매해도 별도 인증 없이 상품을 받을 수 있는 것과 같은 상황입니다.

Q 일본배송은 까다롭고 배송비용도 비싸지 않나요?

A 물론 일본배송은 국내 택배비 보다 비싼 편이고 다소 까다롭습니다. 하지만 막상 판매가 돼서 배송을 진행해보면 국내 판매와 크게 다른 점은 없습니다. 포장방법 또한 국내와 동일하게 진행해도 무방합니다. 주의할 것은 몇몇 상품의 관세발생과 무게에 따른 배송비 측정에 대해 많은 연습이 필요합니다. 이 부분은 3개월 정도 판매를 진행하다 보면 쉽게 습득 할 수 있는 부분입니다.

Q 일본으로 보내는 가장 좋은 회사는 어디인가요? 일본 고객까지 배송기간은?

A 큐텐 재팬의 가장 좋은 점 중 하나가 큐텐 재팬과 연동되어 있는 해외 배송 업체들이 많다는 점입니다. 그 중 Qxpress라는 업체를 이용하면 큐텐 재팬과 시스템이 연동되어 국내만큼 손쉽게 주문처리를 할 수 있습니다. 배송비 또한 상당히 저렴한 편입니다. 큐익스프레스를 통해 일본 고객에게 상품을 보내면 보통 4 ~ 6일 안에 고객이 제품을 받을 수 있습니다.

Q 일본의 상품은 다양하고 품질이 좋기로 유명한데 한국 상품이 경쟁력 있을까요?

A 일본에 아무리 다양한 상품이 있다고 해도 일본의 모든 소비자를 만족 시킬 수 없습니다. 현재 우리나라 국민이 해외 온라인 직접구매가 늘고 있는 맥락과 같습니다. 일본에서 가장 확연하게 찾는 상품이 K-pop 관련 상품이만, 이러한 상품 외에도 한국의 의류, 식품, 공산품 등 일본에는 없거나 일본에 비해 저렴한 상품이 한국에 많기 때문에 판매할 아이템은 정말 많습니다. 자세한 사항은 "PART 03 아이템 및 해외 배송 회사 선택하기"를 참고해주세요.

Q 판매 정산금 기간은 어느 정도인가요? 엔화로 받나요?

A 판매 정산기간은 큐텐에서 규정하고 있는 셀러 등급에 따라 다릅니다. 처음 판매를 시작했다고 한다면, 상품이 배송완료 된 후 15일 후에 정산 받습니다. 초보 판매자인 경우, 보통 20~25일정도 소요된다고 생각하면 됩니다. 판매 정산금은 큐텐에 등록한 한국 통장으로 출금이 이루어지며, 그날의 엔화 환율을 반영해서 원화로만 받을 수 있습니다.

Q 판매를 시작하고 어느 정도의 기간이 지나야 직장 월급만큼 벌 수 있을까요?

A 사실 정답은 없습니다. 가장 기본적인 것이 얼마나 판매에 시간 투자를 할애하느냐에 달렸습니다. 하루에 1시간 투자하는 사람과 5시간씩 투자하는 사람과는 차이가 있을 수밖에 없습니다. 거기다 덧붙여 기본적인 컴퓨터 활용 능력에 따라 매출 차이는 발생할 수 있습니다. 기본적으로 온라인에서 사업이 이루어져야 하기 때문에 인터넷 서핑과 컴퓨터 기본 도구에 미숙하다면 판매 진행속도는 늦어질 수밖에 없습니다. 그렇다고 대단한 기술이 필요한 것이 아니기 때문에 필요한 기능은 네이버나 유튜브를 통해 쉽게 배울 수 있습니다.

필자의 경험으로 비추어 보면 똑같이 시작해도 어떤 분은 3개월 만에 월 2,000만 원 이상의 매출을 올리는 분이 있는가하면, 2년이 지나도 월 매출 1,000만 원을 못 넘는 경우가 많습니다. 물론 생각만 하다 시작도 못하거나 중도에 포기하시는 분들도 많습니다.

Q 그렇게 좋으면 혼자서 판매하면 되지 왜 이런 방법을 알려 주시나요?

A 요즘 워낙 사기꾼이 많다 보니 의외로 많이 듣는 질문입니다. 분명 큐텐 재팬은 좋은 마켓이고, 혼자서 열심히 판매하면 됩니다. 하지만 이러한 생각은 정말 짧은 생각입니다. 저도 사업하는 사람이기 때문에 손해보는 행동은 하지 않습니다. 해당 시장의 규모가 커지고 사업 환경이 좋아지려면 많은 해외 셀러들이 있어야 합니다.

쉬운 예로 중국 셀러들의 상황이 이를 말해주고 있습니다. 현재 전 세계 해외 온라인 셀러 비중을 보면 90% 이상이 중국 셀러들입니다. 현재 중국에 많은 해외 셀러가 있기 때문에 저렴한 해외 배송비를 제공하는 회사가 많아지고 이외에 해외 온라인 셀러를 위한 많은 인프라를 갖추고 있습니다. 그래서 해외 온라인 마켓들은 중국 셀러의 진입을 가장 우선시 하는 경향이 있습니다.

우리의 경쟁자는 같은 한국 셀러가 아니라 중국 셀러들입니다. 한국의 좀 더 다양한 상품이 해외에 진출해야 합니다. Made in China 이지만 상품을 브랜드화하여 해외진출을 할 수 있습니다. 또한 Made in Korea를 통해 국내 제조시장 및 유통시장의 활성화에 큰 도움이 될 수 있습니다. 이 모든 상황은 분명 한국경제 큰 도움이 되는 상황입니다. 한국의 해외 온라인 판매 인프라가 발전하려면 기본적으로 많은 해외 온라인 셀러가 양성되어야 합니다. 저는 그 한 부분에 기여하고 있다고 생각합니다. 혼자 가는 것보다 함께 가면 더 멀리 갈 수 있습니다.

Q 현재 직장을 다니고 있는데 할 수 있을까요?

A 물론 가능합니다. 하지만 많은 것을 포기해야 합니다. 여행과 친구들과의 만남 등 최대한 큐텐에 많은 시간을 할애해야 합니다. 판매가 잘되면 알아서 많은 시간을 할애하게 되기도 합니다.

Q 창업 준비금이 500만 원 밖에 없는데 시작할 수 있을까요?

A 창업 준비금은 카드 한 장으로도 시작할 수 있습니다. 하지만 그 만큼 매출 느는 속도는 느려 질 수밖에 없습니다. 판매가 잘되더라도 판매금액이 정산되는 기간이 있기 때문에 자본금이 부족 할 수 있습니다. 이럴 때 해결 방법 중 하나는 정부 창업 지원 정책을 살펴보면 됩니다. 정부로부터 저렴한 이자로 창업자금을 대출 받을 수 있습니다.

05 _ 큐텐(Qoo10) 창업 15일 계획표 만들기

모든 창업이 그렇듯이 생각만 있고 실천을 하지 못하는 경우가 많다. 하지만 창업 계획표를 만든 후 시작한다면 그리 어렵지 않다.

해외 마켓은 국내 마켓에 비해 정보가 많지 않다. 그래서 해외 마켓에 관심은 많지만 어디서부터 시작해야 하는지 모르는 경우가 많다. 아래의 15일 창업 계획표는 필자의 실무 경험을 바탕으로 작성되었으니 믿고 따르기만 하면 결코 큐텐 창업에 실패하지 않을 것이다.

• 창업 계획표 실행 시 주의사항

– 하루에 2시간 이상 시간을 확보해서 실행하라.

– 일정대로 진행되지 않더라도 30일을 넘기지 마라.

– 진행 흐름이 끊어지지 않도록 매일 진행하려고 애쓴다.

– 완벽하게 진행하려 하지마라. 모든 사항은 추가, 수정이 가능하다.

– 상품등록하기 구간에서는 너무 잘하겠다고 고민하지 말고, 상품등록 후 부족한 부분은 수정하겠다는 마음으로 등록하자.

창업 일자	핵심 주제	실천사항	관련 페이지
1일~2일	책 완독	이 책을 처음부터 끝까지 5번 완독하자. 책 내용을 전부 이해하려 하지 말고, 내용 잘 몰라도 그냥 읽어라. 그래야 전체 그림을 이해할 수 있다.	–
3일~4일	큐텐 재팬 회원 가입하기	회원 가입은 신분증과 한국 통장만 있으면 가능하다. 바로 회원 가입을 하자!	35~43
5일	배송 회사 이해하기	회원 가입 후 큐익스프레스 배송회사 관련자료를 받게된다. 해외 배송비와 일본의 통관 절차에 대해 습득해야 한다.	82~102
6일~7일	아이템 조사하기	큐텐 재팬에서 판매되고 있는 상품을 분석하고 판매 아이템을 선정한다.	66~78
8일~14일	상품등록하기	큐텐에 본격적으로 상품을 등록해본다. 최소 하루에 1개 이상씩 등록해보길 권장한다.	108~142
15일	기본 광고 진행하기	1개라도 판매된 상품 있다면 적극 광고를 진행해보자. 광고비는 1만 원이면 충분하다.	186~236

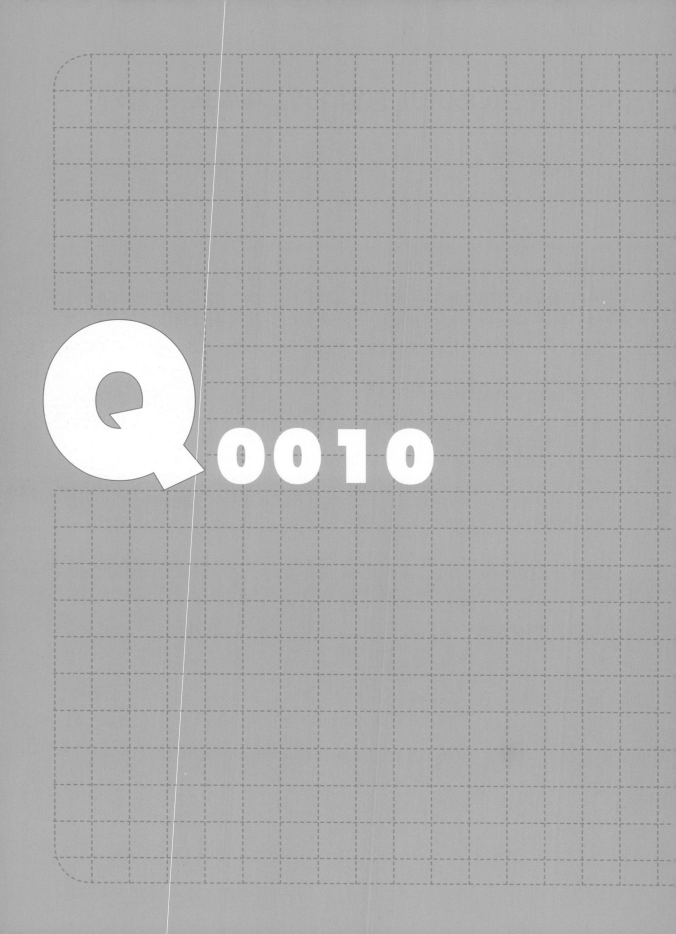

PART 02

큐텐 재팬 시작하기

01 _ 큐텐 창업 준비사항

큐텐 재팬은 다른 해외 마켓보다 준비할 사항이 덜 한 편이다. 그래서 회원 가입과 시작이 쉬운편에 속한다. 하지만 대충 준비했다가는 3일이면 될 일을 일주일 이상 걸릴 수 있기 때문에 아래의 사항을 잘 읽고 준비하길 바란다.

1 _ 큐텐 회원 가입 시 준비사항

큐텐 회원을 가입하기 위해서는 간단한 준비사항이 필요하다.

❶ 신분증

여권, 주민등록증, 운전면허증 모두 가능하다. 이미지 용량은 1.5 MB를 넘지 않아야 사진이 업로드 된다. 신분증을 컴퓨터 스캔하거나 스마트폰으로 촬영하면 1.5 MB는 넘지 않는다.

❷ 사업자 등록증

사업자 등록증이 없어도 회원 가입은 가능하다. 만약 사업자 등록증이 있다면 신분증 대신에 사업자 등록증만 업로드 해도 된다. 이미지 용량은 1.5 MB를 넘지 않아야 한다.

❸ 통장

한국 통장만 있으면 된다. 판매 대금은 원화만 가능하고 엔화는 불가능하기 때문에 외화통장은 인정 되지 않는다. 법인통장이나 개인통장 둘 다 사용 가능하다. 물론 운영 중간에 통장 변경은 가능하다. 이미지 용량은 1.5 MB를 넘지 않아야 한다.

❹ 이메일 주소

본인이 가장 많이 사용하는 이메일을 쓰는 것을 권장한다. 해외 온라인 마켓은 모든 공지를 이메일로 통보하는 경우가 많다. 이메일을 매일 체크해야 한다고 생각한다.

❺ 사업장 주소

집이나 사무실 주소 둘 다 사용 가능하다.

2 _ 큐텐 재팬 운영을 위한 준비사항

❶ 컴퓨터와 모니터

온라인 판매를 위해서는 컴퓨터와 모니터는 너무나 중요한 준비물이다. 처음 시작은 집에서 사용하던 컴퓨터를 사용해도 무방하다. 하지만 너무 오래 되어서 인터넷 서핑조차 힘든 느린 컴퓨터라면 장비교체를 권장한다. 노트북보다는 데스크탑을 권장한다. 데스크탑도 SSD를 장착한 30~40만 원대의 컴퓨터면 무난히 사용 가능하다. 모니터는 24인치 이상을 권장하며, 작업속도를 높이고자 하면 듀얼 모니터로 작업하는 것을 추천한다. 2배는 빨라진다.

❷ 프린터

주문처리를 위해 반드시 있어야 한다. A4용지를 출력할 수 있는 프린터이면 충분하다. 추후 주문이 많아져 빠른 출력을 원한다면 엡손에서 나온 무한잉크 프린터기를 추천한다. 인쇄속도가 빠르고 잔고장이 적다.

❸ 주문 처리용 라벨

주문 처리를 위해 라벨을 출력해야 하는데 A4 일반 용지를 출력해서 가위로 잘라 붙여 사용해도 된다. 하지만 스티커 라벨을 사용하면 좀 더 빠른 주문 처리가 가능하다. 폼텍 LS-3114 라벨지를 추천한다. 일반 A4 출력 가능한 프린터에서 사용 가능하다.

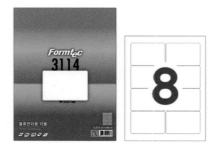

❹ 저울, 줄자, 투명테이프, 가위, 칼, 택배 봉투

- 저울: 판매하는 상품에 따라 다르겠지만 초보자라면 3kg 저울을 추천한다. 해외판매는 무게가 곧 돈이다.
- 줄자: 상품이 무게보다 유달리 부피가 큰 상품이라면 줄자를 이용해 상품의 부피 무게값을 측정해야 한다. 자세한 상황은 뒤에서 설명하겠다.
- 택배 봉투 / 택배 박스: 국내 온라인 마켓에서 구매하며 된다. 처음부터 모든 사이즈를 준비하지 말고 상품이 판매되는 상황을 보고 필요한 사이즈를 구입한다.
- 투명 테이프, 가위, 칼: 상품포장에 필요한 도구이다.

❺ 사업장

1인 창업이라면 집에서 시작해도 크게 무리는 없다. 집에서의 집중력이 떨어진다면, 사업자들이 있는 소호 사무실에서 시작해보는 것도 좋다. 아무래도 사업자들이 바쁘게 움직이고 상품 택배가 나가는 모습을 보면 초보자로서는 자극을 받을 수밖에 없다. 카페24 창업 센터가 가장 대표적인 쇼핑몰 소호 사무실이다.

❻ 창업자 마인드

무조건 매출을 만들겠다는 마음가짐이 가장 중요한 준비물이다. 1인 창업자라면 주변의 유혹에서 벗어나지 못하고, 국내 마켓에서 해외 마켓으로의 시장 확대라면 해외 마켓이 자칫 귀찮은 존재가 될 수 있다. 새로운 분야에서 수익을 만든다는 것은 결코 쉬운 일이 아니다. 이것만 알자! 사업을 하고자 한다면 해외 마켓은 결코 손해 보지 않는 공부다!! 언젠가는 알아야하고 반드시 해야 하는 마켓이다.

02 _ 큐텐 회원 가입하기

----

1 _ 큐텐 회원 가입 시 필요한 준비물

큐텐 회원을 가입하기 위해서는 간단한 준비사항이 필요하다.

❶ 이메일

이메일 주소는 한국에서 쓰는 이메일이라면 어느 것이든 상관없다. 본인이 쓰기 편한 이메일로 회원 가입하시면 된다.

❷ 신분증

여권, 주민등록증, 운전면허증 등의 신분을 확인 할 수 있는 자료 중 1가지만 있으면 된다.

❸ 통장

큐텐에서 판매한 정산금을 받기 위해서 통장이 필요하다. 큐텐에서는 외화 입금이 되지 않기 때문에 일반 원화 통장만 있으면 된다. 사업자 및 법인 통장도 가능하다.

❹ 사업자 등록증

큐텐에서 주문이 들어오기 시작한다면 사업자 등록증이 있어야 유리하다. 사업자 등록증이 있어야 부가세 환급을 받을 수 있기 때문이다. 상품 수출로 인해 받는 부가세 환급금을 받기 위해서는 일반사업자나 법인사업자를 만들어야 한다. 간이과세자는 부가세 환급을 받지 못한다. 자세한 사항은 "PART 08 세금 신고 및 부가세 환급받기"를 참조한다.

2 _ 큐텐 재팬 회원 가입하기

1 큐텐 재팬(qoo10.jp)에 접속한다. 화면에 우측 상단에 있는 [Language]를 [English]로 변경한다. 일본어가 편한 경우 日本語를 선택해도 무방하다.

2 언어를 변경 후 [Seller Register] 버튼을 클릭한다.

3 다음 화면에서 [こちら] 버튼을 클릭한다.

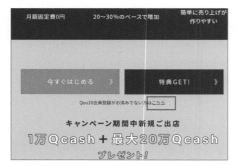

◆ 그림 1-3

④ 회원 가입 페이지에서 항목을 작성한 후 [Creat Account & Next Step] 버튼을 클릭한다.

❶ Email: 이메일 주소를 입력한다. [Type email]을 선택해서 한국 이메일 주소를 입력한다. 이메일 입력 후 [Validation Check] 버튼을 클릭한다.

❷ Name : [Person] – 가입자 이름, [Company] – 회사이름

❸ Name (Hurigana) : 네이버에서 '카타카나 변환'이라고 검색 후 사이트를 이용해서 입력한다.

❹ password /Re–enter password : 로그인 비밀번호를 입력한다. 반드시 숫자와 알파벳이 혼합되어 6자리 이상 입력해야 한다.

❺ Gender : Male – 남자, Female – 여자

❻ Security check에 문자입력 –〉 가입 동의 체크–〉 [Creat Account & Next Step] 버튼을 클릭한다.

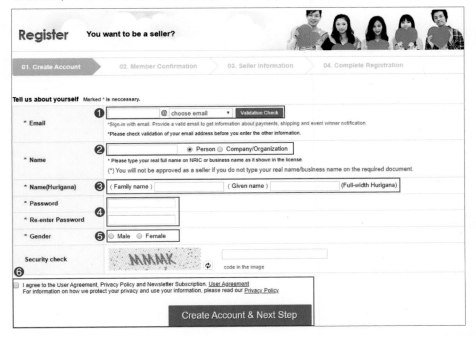

⑤ [인증메일을 보낼] 버튼을 클릭한다.

6 자신의 이메일 계정에 로그인해서 다음과 같인 [메일인증하기] 버튼을 클릭한다.

7 계속 진행을 위해 다음과 같이 클릭한다.

8 회원 가입 시 입력했던 이메일과 비밀번호를 입력해서 로그인한다.

9 "회원 가입 감사합니다. % 쿠폰 증정 되었습니다." 창이 나타나면 창을 닫는다.

◆ 그림 1-9

⑩ [출점자 등록] 버튼을 클릭한다.

❶ Person을 선택한다.(법인이나 사업자가 있어도 상관없다)

❷ 셀러 계정 로그인 아이디를 설정한다.

❸ [South Korea]선택 → 전화번호 입력 → [Get Confirm Code] 버튼을 클릭한다. → 휴대폰문자로 인증 번호 확인 → 인증번호 입력 후 [Confirm] 버튼을 클릭한다.

⑪ 주소 입력을 위해 [Search] 버튼을 클릭한다.

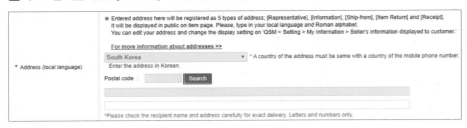

12 Area에서 지역을 차례로 입력 후 도로명 주소로 상세주소를 검색한다. 주소를 선택 후 [Apply] 버튼을 클릭한다.

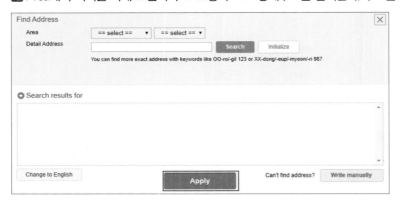

❶ 동, 호수 등 상세주소를 한글주소를 입력하면 자동으로 영문주소도 입력된다.

❷ 셀러 가입 정책 동의 버튼 체크 후 [SUBMIT] 버튼을 클릭한다.

13 [Open QSM] 버튼을 클릭한다.

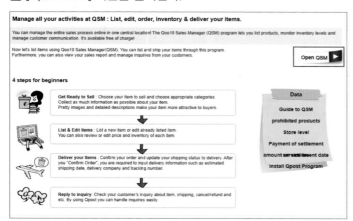

❶ Store name : 사업자명을 입력한다. 고객에게 노출되는 가게 이름이다. 언제든지 수정 가능하며 셀러 가입완료 후 다시 입력해도 된다.

❷ Name of CEO : 대표자 이름을 입력한다.

❸ Birth of CEO : 대표자 생일을 입력한다. 연도 범위가 좁게 설정되어 있어 좌측 클릭으로 년도 수를 내려야 한다.

❹ 모두 입력 후 [Submit & Next Step] 버튼을 클릭한다.

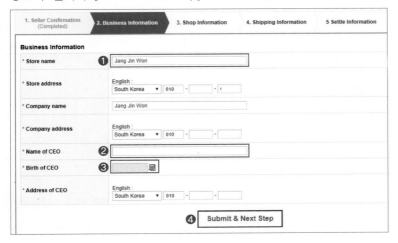

❶ Seller Shop title : 고객에게 노출되는 가게 이름이다. 상점이름 입력 후 [Check] 버튼을 클릭한다. 언제든지 수정 가능하니 셀러 가입완료 후 다시 입력해도 된다.

❷ Seller Introduction : 나의 가게에 대해 간략하게 설명하는 부분이다. 고객에게 노출되는 부분이기 때문에 각별히 신중히 작성해야 한다. 회원 가입 완료 후에도 입력 가능하다.

❸ Seller Shop address : 셀러의 온라인 상점 주소이다. 주소 입력 후 [Check] 버튼을 클릭한다. 이 주소 또한 수시로 변경 가능하다.

❹ 입력 후 [Submit & Next Step] 버튼을 클릭한다.

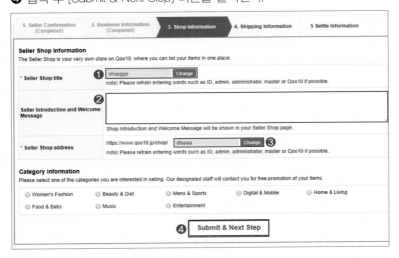

14 큐텐 재팬 전용 배송업체 Qxpress를 이용하는 것에 대해 동의하는 화면이다. [Apply] 버튼을 클릭한다. 다음 화면에서 이용조건 동의 체크 후 [Completed] 버튼을 클릭 -> [Submit & Next Step] 버튼을 클릭한다.

판매 정산금을 받는 통장 내역을 입력하는 곳이다. 은행 사항을 정확하게 입력하지 않으면 판매 정산금은 입금되지 않은 상태로 계속 지연된다. 그래서 반드시 통장 맨 앞부분에 표시된 은행 영문이름과 Swift Code 를 확인 후 입력하는 것이 좋다. 네이버 검색을 통해서도 쉽게 알 수 있다.

❶ Bank Name: 은행이름을 입력한다. / Country of Bank Branch : South Korea를 선택한다.

❷ Beneficiary Name : 통장 소유자 이름

❸ Beneficiary Account Number : 통장 계좌번호

❹ ABA or Swift Code : 비밀번호를 다시 입력한다.

❺ 통장사본을 업로드한다. 사진 용량이 1.5MB가 넘어가면 파일이 업로드 되지 않는다. 그래서 스마트폰으로 찍은 사진은 사진 용량이 낮아 바로 파일 업로드는 가능한 편이다.

❻ 신분증이나, 사업자 등록증을 업로드한다.

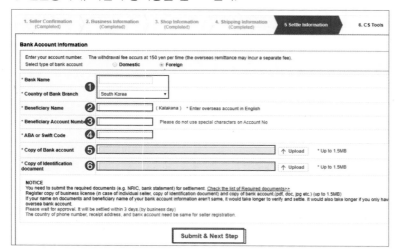

⓯ 다음과 같이 은행 인증 확인 메일이 나오면 큐텐에서 판매를 시작할 수 있다.

⓰ 셀러 계정으로 다시 들어가고자 한다면 Qoo10.jp 홈페이지 하단에 QSM을 클릭해서 들어가면 된다.

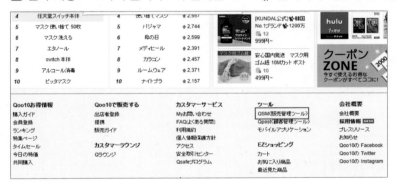

⓱ 회원 등록 시 입력했던 아이디나 비밀번호를 입력하여 로그인한다.

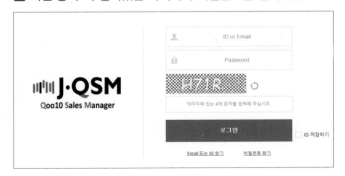

03 _ 큐텐 기본 설정 및 판매수수료 확인하기

큐텐 재팬에서 판매하기 전 기본적인 사항을 세팅해야 한다.

❶ 모든 메뉴를 한국어로 볼 수 있다.
❷ 셀러의 기본적인 사항을 확인 및 변경할 수 있다.

1 _ 판매자 기본 정보 확인하기

우선 QSM 화면 좌측상단에서 기본 정보 - 〉 나의 정보를 선택한다.

❶ 사업자 정보 : 본인이 입력한 사업자 정보를 확인할 수 있다.
❷ 상품수수료를 확인할 수 있다.
❸ 비밀번호 수정 : 셀러 계정 로그인 비밀번호 수정을 할 수 있다.

판매자 기본정보					
사용자 ID		판매자명	Jang Jin Won	등록일	2020-04-19 20:10:57
판매자 유형	개인판매자 ❶ 사업자 정보	판매자 등급	일반이딜러(해외) ❷ 수수료 상세보기	비밀번호	❸ 비밀번호 수정

2 _ 판매수수료 확인하기

- 한국에서 출발하는 상품은 추가수수료 2%가 추가 적용된다. 예를 들어 아래의 수수료 표에서 판매수수료 10%이지만 실제 한국 셀러에게 부과되는 수수료는 12%이다.
- 한국 셀러이지만 상품이 일본 현지 내에서 출발하는 상품에 대해서는 판매수수료가 10%만 부과된다.
- Google과 Yahoo 검색, Facebook 광고, 제휴형 광고 등 Qoo10 Japan 외의 사이트에서 유입되어 상품이 판매된 경우,아래의 수수료 표에서 추가 1% 수수료를 부담해야 한다.

대분류	카테고리	수수료율	카테고리내 예외
여성패션	여성의류	10%	
	속옷 · 양말		
	가방 · 잡화		
	슈즈		
	시계 · 주얼리		
	패션 소품		
뷰티&다이어트	코스메틱	10%	
	헤어 · 바디 · 네일		
	콘택트렌즈		
	다이어트 · 헬스		
남성 스포츠	남성 패션	10%	
	남성 가방 신발 잡화		
	스포츠	10%	골프 6%
	아웃도어	10%	
	자전거 · 전동보드 · 드론	8%	
디지털 · 모바일	TV	8%	
	스마트폰 케이스 · 보호필름	10%	
	스마트폰 · 스마트폰 악세서리	10%	SIM 프리 본체 8%
	테블릿 PC 노트북	8%	
	가전	8%	
	카메라		
	비디오 게임		
홈 생활	가정용품	9%	
	가구 · 인테리어		
	주방용품	10%	
	문구		
	공구DIY		
	애완동물용품	8%	
	자동차 용품		
	침구 · 침대 매트리스	9%	

식품 · 유아	의약품	8%	
	음식	10%	
	쌀 · 잡곡	9%	
	건강식품 보조식품	10%	
	물 · 청량음료 · 차	9%	
	주류	10%	맥주 6%
	키즈	10%	
	유아 임산부	8%	
	장난감 · 교육	6%	
엔터테이먼트	KPOP	10%	
	CD		
	DVD Blue-ray	6%	
	악기		
	취미 코스프레		
	도서	10%	
	공예 수예		
	e티켓	6%	
	여행 레저	10%	
	성인	8%	

◆ 큐텐 판매수수료

3 _ 정산 정보 확인하기

정산관련 자세한 내용은 "Part 5 – 큐텐 주문관리 및 광고"을 참고하고, 여기서는 설정해야 되는 부분만 설명도록 한다.

❶ 한국 셀러는 큐텐 재팬 입장에서 보았을 때 해외 셀러이기 때문에 부가가치세는 면세이다. 회원 가입 후 이 부분은 반드시 확인해야 한다.

❷ 사업자등록증이나 통장사본을 업로드는 하는 곳이다. 이미지 용량이 1.5MB가 넘는 경우 사본이 업로드 되지 않으니 사진 용량을 반드시 확인해야 한다. 스마트폰으로 찍은 사진은 무난하게 업로드 되고 있다.

❸ 처리상태가 "구비서류 접수가 완료되었습니다"인지 반드시 확인한다. 이 부분이 완료되지 않으면 상품등록 및 판매 정산금 부분에 문제가 발송할 수 있다.

❹ 통장이나 사업자 등록증에 변경 사유가 있는 경우 해당 서류를 다시 업로드 후 "신청하기"를 클릭해야 한다.

❺ 판매 정산금을 셀러 통장으로 주기적으로 입금해주고 있다. "7일, 14일, 매월 마지막 수요일" 이렇게 3가지 방식이 있다. 출금될 때마다 일정 수수료 금액이 부과되기 때문에 판매가 많지 않다면 14일 주기로 했다가 판매금액이 올라가면 7일로 변경하는 것을 추천한다.

❻ 정산정보에 변경된 사항이 있다면 반드시 "저장" 버튼을 눌러 변경된 사항이 적용되도록 해야 한다.

- 고객에게 노출되는 판매자 정보 : 일본 고객에게 노출되는 정보로 회사에서 운영하는 전화번호나 이메일이 있다면 입력해도 무방하다.
- 운영담당자 정보 : 회사 대표가 아닌 큐텐 담당 직원이 있다면 이름과 전화번호를 별도로 입력 가능하다. 대부분 큐텐 본사나 큐익스프레스에서 연락오는 경우가 많다.

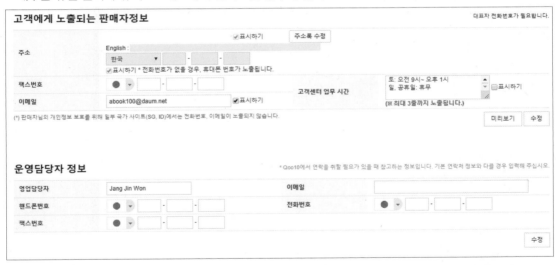

4 _ 셀러샵 관리하기

셀러가 상품을 등록하는 경우 각 셀러 마다 미니샵 개념의 상점이 생긴다.

❶ 셀러샵명은 고객들에게 노출되는 부분이다. 다른 셀러가 쓰고 있지 않는 이상 셀러샵명은 수시로 변경 가능하며, 자신이 판매할 아이템이나 상점의 정체성을 표현할 수 있으면 좋다. 변경 후에는 반드시 "수정" 버튼을 클릭해야 한다.

❷ 상점 주소를 설정하는 곳이다. 고객이 셀러의 상점주소를 다이렉트로 입력해서 방문할 수 있다. 상점 이름과 비슷하게 설정하는 경우가 많다.

❸ 상점 로고를 등록하는 곳이다. 구글에서 무료로 회사 로고를 만들 수 있는 사이트를 이용해 상점 로고를 입력하면 아무래도 고객에게 신뢰감을 줄 수 있다.

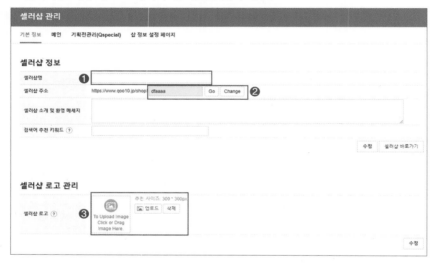

❶ 셀러 상점주소

❷ 셀러 상점이름

❸ 상점로고가 노출되는 곳

5 _ 우체국 배송을 위한 이용권한 신청 (기본 정보 -> QSM 메뉴 권한)

큐텐에서 상품배송을 할 때 Qxpress라는 큐텐 재팬 전용 배송업체가 있지만, 우체국을 이용해서 상품을 배송해야 하는 경우가 생길 수 있다. 그래서 권한 종류에서 "우체국 배송사 이용"을 선택하고, 비고란에 "K-Packet, EMS"라고 작성한 후 화면 아래 [신청하기]를 클릭한다.

04 _ 상품페이지 및 공식 SNS 살펴보기

1 _ 큐텐 메인페이지 및 서브페이지 화면 구성 살펴보기

Qoo10 재팬의 전반적인 상품페이지 구성을 살펴보고자 한다. 고객의 입장에서 화면구성을 본다면 앞으로 Qoo10 설명에 대해 이해하기가 쉽다.

 qoo10.jp 주소를 통해 들어가면 다음과 같은 메인페이지를 볼 수 있다.

❶ 주문을 위한 로그인 페이지다.

❷ 상품명으로 상품 검색을 할 수 있다.

❸ 카테고리를 선택해서 상품을 볼 수 있다.

❹ 대부분 유료 광고로 상품이 노출되는 부분이다.

Qoo10 메인페이지 아래 부분을 살펴보자.

❶ Qoo10에서 가장 많이 검색되고 있는 키워드 순위이다.
❷ Qoo10에서 급격하게 많이 검색 되는 키워드 순위이다.
❸ 고객들이 사용 가능한 쿠폰을 확인할 수 있다.
❹ 판매자를 위한 로그인 화면이다.
❺ 큐텐 재팬에서 운영중인 공식 SNS이다.

TIP 큐텐 공식 SNS 주소

• Qoo10 공식 Facebook : https://www.facebook.com/Qoo10Japan/
• Qoo10 공식 Twitter : https://twitter.com/Qoo10_Shopping
• Qoo10 공식 인스타그램 : https://www.instagram.com/qoo10.official/

'韓国ファッション'이라고 상품을 검색하면 다음과 같이 다양한 관련 상품을 확인할 수 있다.

❶ 일본이 아닌 중국에서 배송되는 상품이고 배송비는 580엔이 부과된다는 표시이다.
❷ 별 5개 만점으로 상품의 만족도와 고객 후기 개수를 보여주고 있다.
❸ 상점명과 노란색은 파워 셀러라고 표시되고 있다.
❹ 일본내에서 배송되는 상품이다.
❺ 고객이 주문 후 평균 1일 안에 발송되는 상품이다.
❻ 판매금액이다.

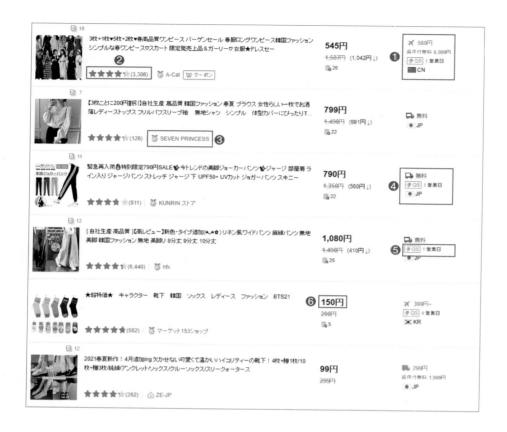

2 _ 큐텐 상품 상세페이지 화면 구성 살펴보기

상품 목록 중 상품 하나를 클릭하면 다음과 같이 상세페이지를 확인 할수 있다.

❶ 상점로고가 표시 된다.

❷ 상품명이 표시된다. "+" 버튼을 누르면 고객은 상점을 즐겨찾는 상점으로 등록한다.

❸ 상품수와 상점을 즐겨찾기한 고객 수를 확인할 수 있다.

❹ 여러 썸네일 사진을 확인할 수 있다.

❺ "753450510"이 상품코드이다. "URL"을 클릭하면 해당상품의 페이지 주소가 복사된다.

❻ 상품옵션이 사진으로 보인다.

❼ 상품이 장바구니에 담긴다.

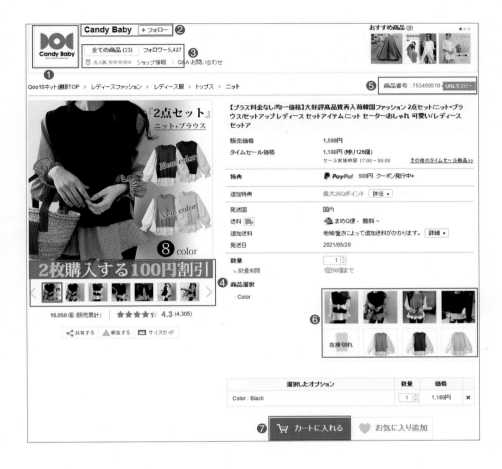

중간 부분을 보면 상세한 상품페이지를 확인할 수 있다.

◆ 그림 4-8

상품 상세설명을 지나 좀 더 아래 부분을 보면, 상품 후기를 확인할 수 있다. 상품 후기를 인기 리뷰순, 신상품순, 별 많은 순, 별이 적은 순 등으로 후기를 확인할 수 있다.

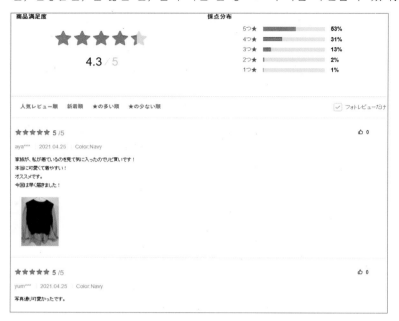

상품페이지 맨 아래 부분을 보면 해당 상품에 대한 고객의 질문과 판매자의 답변을 확인할 수 있다.

	お問い合わせ/回答	日付	投稿者
	商品 Q&A(271)		☐ 🔒 非表示
状態 ∨			
お知らせ	◆*キャンセル・返品・配送・住所変更◆*		出店者
お知らせ	▼★*一部の商品注意事項※*★*		出店者
お知らせ	*♥+♂* ❀ 景品について* ♥+♂* ❀		出店者
回答完了	🔒 非公開のお問い合わせです	2021-03-27	nak*******
回答完了	🔒 非公開のお問い合わせです	2021-03-26	mah*******
回答完了	🔒 非公開のお問い合わせです	2021-03-25	noa*******
回答完了	コットン100〜90%のシャツはありますか？	2021-03-16	y08*******
👤	コットン100〜90%のシャツはありますか？		
🏠	ありません。		
回答完了	🔒 非公開のお問い合わせです	2021-03-16	aya*******
回答完了	この服は洗濯機で洗えませんか？	2021-03-13	4.1*******
👤	この服は洗濯機で洗えませんか？		
🏠	手で洗濯するのをおすすめします。		
👤	ありがとうございます		
🏠	よろしくお願いします。		

05 _ 셀러 등급 관리

큐텐 셀러는 보통 셀러, 우수, 파워 셀러로 구분한다. 큐텐 셀러는 1차 목표로 셀러 등급을 파워 셀러로 만들어야 한다. 등급이 낮으면 판매 정산이 늦거나 광고에 제한을 받는다.
파워 셀러의 조건에 대해서 알아보자.

1 _ 파워 셀러의 조건

처음 가입하면 일반셀러입니다. 일반 셀러 다음은 우수 셀러인데 우수 셀러 조건은 판매자의 매출 금액이 최근 12개월 동안 1,100만 원(1,000,000엔 이상) 이상이어야 하고, 파워 셀러는 5,300만 원(5,000,000엔 이상) 이어야 한다. 여기에 매월 1일부터 말일까지 종합 서비스 포인트 합계가 (−) 점수가 아니어야 한다. 우수나 파워 셀러 등급을 유지하려면 매월 매출금액이 110만 원(100,000엔)이상, 530만 원(500,000엔)이상을 유지해야 한다. 당연히 매월 종합서비스 포인트도 (−) 점수가 아니어야 한다. 매출과 종합 서비스 포인트 두 가지 모두 조건을 충족해야 한다.

2 _ 셀러 등급 및 서비스 포인트 확인하기

❶ 나의정보 −〉 ❷ 나의 등급&점수 −〉 ❸ 등급기준을 클릭하면 셀러 등급에 대한 상세사항을 알 수 있다.
❹ 매월 1일이 되면 모든 포인트가 "0"으로 시작한다.
❺ 전월 포인트를 확인할 수 있다.

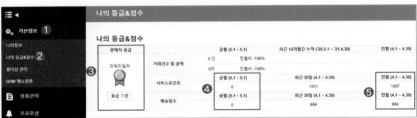

예 파워 셀러인데 5월 매출금액이 600,000엔 이상이지만 5월 종합 서비스 포인트 점수 합계가 (−) 점수라면 우수셀러로 등급이 변경된다.

┃ 승급 조건

등급	누적거래(최근12개월)	서비스포인트(전월)	기타 조건
우수	거래금액이 1,000,000円 이상	서비스포인트가 마이너스 (-)가 아니어야 함.	우수 셀러의 유지기준을 충족할 것.
파워	거래금액이 5,000,000円 이상	서비스포인트가 마이너스 (-)가 아니어야 함.	파워셀러의 유지기준을 충족할 것.

┃ 등급 유지기준

등급	거래기준 (전월기준)		서비스포인트 (전월기준)
우수	거래금액이 100,000円 이상		서비스포인트가 마이너스(-)가 아니어야 함.
파워	거래금액이 500,000円 이상		서비스포인트가 마이너스(-)가 아니어야 함.

3 _ 서비스 포인트

서비스 포인트는 셀러가 판매활동을 하면서 발생하는 부분을 포인트 점수로 환산한 제도이다.

- 서비스 포인트 매월 1일부터 말일을 기준으로 산정된다.
- 매월 1일 모든 포인트 점수는 "0"으로 리셋된다.
- 서비스 포인트 발송처리, 배송, 클레임, 구매자 평가 포인트로 구성된다.
- 추적 불가의 배송사를 이용하면 발송처리 포인트에서 제외된다.

일반 상품은 발송 가능 일을 3일로 설정한 상품을 말한다. 일본이 아닌 다른 나라에서 발송되는 상품은 (Oversea) 부분만 보면 된다.

- 발송처리 포인트는 셀러가 발송처리한 날짜를 기준으로 한다.
- 배송 포인트는 상품이 발송처리된 후 고객이 수취확인을 누르거나 큐익스프레스로 배송해서 자동 배송이 완료된 시점을 말한다.
- 예를 들어 5월 1일 주문 건을 5월 3일에 발송처리하면 +0.1점을 획득하고, 발송한 상품이 5월 8일 안에 도착해서 배송완료처리되면 +1 점을 획득한다.

■ 일반상품

Type	발송국가	발송처리 포인트				배송포인트				
		Quick Quick Start + 1.5점	Quick Start + 1점	Good Start + 0.5점	Normal Start + 0.1점	Best + 2점	Good + 1점	Not Bad 0점	Slow -1점	Very Slow -2점
당일 발송	국내발송(Local)	0일				0~2일	3일	4~5일	6일	7일~
	해외발송(Oversea)					0~3일	4~5일	6~7일	8~9일	10일~
일반 발송	국내발송(Local)		0일	1일	2일	0~2일	3일	4~5일	6일	7일~
	해외발송(Oversea)					0~3일	4~5일	6~7일	8~9일	10일~

※ 일반 상품 : 입금 완료일로부터 ~ 배송완료일 까지의 기간

※ 입금일로 부터 배송완료까지 (일본 국내 발송 6일이상, 해외발송 8일 이상) 소요되어, 배송포인트가 - 인 주문건은 발송 처리 포인트 추가 적립이 적용되지 않습니다.

상품등록화면에서 다음과 같이 설정된 상품은 일반발송 상품이다. 상품은 3일 안에 발송처리 되어야 한다.

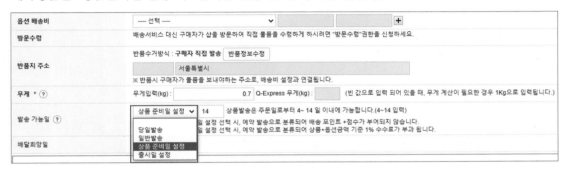

예약상품은 "상품준비일 설정"과 "출시일 설정"을 한 경우를 말한다.

옵션 배송비	---- 선택 ----	+			
방문수령	배송서비스 대신 구매자가 샵을 방문하여 직접 물품을 수령하게 하시려면 "방문수령"권한을 신청하세요.				
반품지 주소	반품수거방식 : 구매자 직접 발송 반품정보수정				
	서울특별시				
	※ 반품시 구매자가 물품을 보내야하는 주소로, 배송비 설정과 연결됩니다.				
무게 * ⑦	무게입력(kg) : 0.7 Q-Express 무게(kg) : (빈 값으로 입력 되어 있을 때, 무게 계산이 필요한 경우 1Kg으로 입력됩니다.)				
발송 가능일 ⑦	상품 준비일 설정 14 상품발송은 주문일로부터 4~ 14 일 이내에 가능합니다.(4~14 입력)				
	당일발송	일 설정 선택 시, 예약 발송으로 분류되어 배송 포인트 +점수가 부여되지 않습니다.			
	일반발송	일 설정 선택 시, 예약 발송으로 분류되어 상품+옵션금액 기준 1% 수수료가 부과 됩니다.			
	상품 준비일 설정				
배달희망일	출시일 설정				

예약상품은 다음과 같이 배송 포인트는 (+) 점수가 없다.

■ 예약상품

Type	발송국가	배송포인트				
		Best 0점	Normal 0점	Not Bad 0점	Slow -2점	Very Slow -3점
예약 발송	국내발송(Local)	0~2일	3일	4~5일	6일	7일~
	해외발송(Oversea)	0~3일	4~5일	6~7일	8~9일	10일~
※ 예약 상품: 발송가능일로 부터~ 배송완료일 까지의 기간(발송가능일은 발송예정일과는 다름)						

자동배송완료란 송장번호가 없거나 고객이 수취확인 버튼을 누르지 않았지만 Qoo10 시스템에 의해 자동 배송완료되는 상태를 말한다. 배송추적불가, 허위발송, 미등기 배송사 이용 등이 이에 해당된다.

■ 자동배송완료 포인트

Type	발송국가	점수
일반 & 예약상품	국내발송(Local)	-2점
	해외발송(Oversea)	
※ 2019년 9월1일부터		

고객의 클레임도 다음과 같이 점수에 포함된다. 고객의 단순변심으로 인한 취소/반품은 이에 해당되지 않는다.

■ 클레임 포인트	
Type	점수
취소/반품	-3점
미수취 신고	-2점
※ 판매자 사유에 의한 취소/반품 시 -3점	

상품페이지 하단을 보면 고객의 후기를 확인할 수 있다. 별 4~5개는 1점, 별 3개는 0점, 별 1~2개는 -1점이다.

■ 구매자 평가	
Type	점수
강력추천	+1점
추천	0점
추천하지 않음	-1점

상품후기는 상품페이지 하단에서 확인할 수 있다.

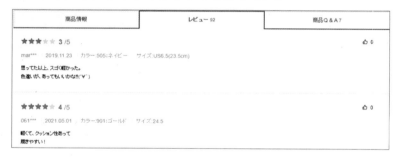

4 _ 서비스 포인트 상세 확인 방법

❶ 기본 정보 -> ❷ 나의 등급&점수 클릭 후 화면 아래로 이동한다.

❸ Qoo10에서는 전월 서비스 포인트 점수를 합산해서 일정비율로 Qcash로 전환해준다. "전환하기"를 클릭해서 Qcash로 적립한다.

❹ 기간을 설정한다.

❺ 각각 상품페이지 부과된 모든 서비스 포인트 점수를 확인할 수 있다. 배송점수에서 "자세히" 버튼을 클릭하면 해당 상품에 대한 상세 배송 포인트 점수를 확인할 수 있다.

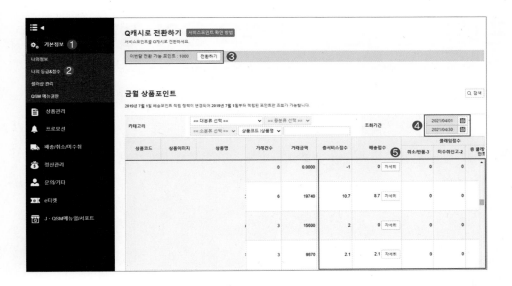

5 _ 셀러 등급 관련 Q & A

Q 상품 공동구매를 설정하려고 하는데 현재 서비스 포인트가 (–)라 설정이 안 됩니다.
A 종합서비스 포인트를 (+)로 만들면 바로 설정 가능합니다.

Q 셀러 등급은 언제 승급 되나요?
A 매월 1일 셀러 등급이 변경됩니다.

Q 현재 일반셀러 등급인데 한 번에 5,000,000엔을 판매하면 바로 파워 셀러가 되나요?
A 아닙니다. 1차 우수셀러가 되고, 다음 달에 파워 셀러가 됩니다.

Q 파워 셀러이고 현재 말일인데 서비스 포인트가 (–)입니다. 바로 일반 셀러로 떨어지나요?
A 아닙니다. 우수셀러로 변경됩니다. 우수셀러에서도 (–)이면 다음 달 1일 일반셀러로변경 됩니다.

Q 한국 셀러가 배송점수에서 (+) 점수를 받을 수 있나요?
A 가능합니다. 지역마다 조금 차이가 있지만 Qxpress를 이용하면 가능합니다. 기타 다른 배송사들도 가능합니다. 하지만 반드시 테스트로 배송기간을 확인하고 이용하면 됩니다.

06 _ 판매자 문의창구 및 주요 용어 정리

Qoo10에서는 판매자들을 위한 문의 창구를 운영하고 있다. 판매하면서 문제가 생기거나 궁금한 점을 한글로 문의할 수 있다.

1 _ Qoo10에 문의하기

QSM (판매자 관리 프로그램)을 로그인 후 " Qoo10에 문의하기"를 클릭한다.

❶ "Qoo10에 문의하기"를 선택한다.
❷ "한국어"를 선택한다.
❸ 상품문의인 경우 상품을 조회 후 선택한다.
❹ 문의할 카테고리를 선택한다.
❺ 문의할 내용을 한국어로 작성한다. 첨부파일을 통해 자료를 첨부 할 수 있다.
❻ 보내기 버튼을 클릭한다.

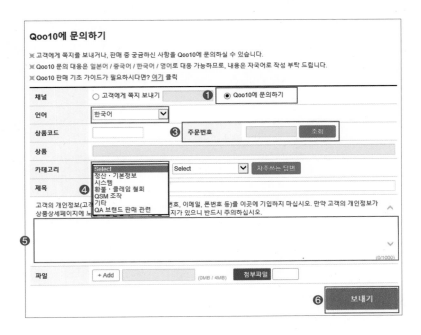

2 _ Qoo10 문의내용 확인

❶ 문의/기타 –〉 ❷ 문의관리/기타 –〉 ❸ "Qoo10 문의 이력"을 선택 후 검색하면 문의 답변 내용을 확인할 수 있다. Qoo10과 연결된 이메일을 통해서도 답변내용을 확인할 수 있다.

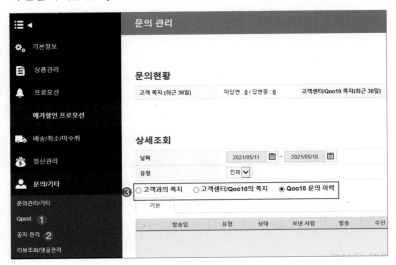

3 _ Qoo10 주요 용어정리

용어명	내용	
리스팅	판매를 위해 상품을 등록하는 행위이다.	
Qpost	Qoo10 고객에게 문의 답변을 하기 위한 전용 프로그램이다.	
Q cash (큐캐쉬)	Qoo10 유료광고를 진행할 때 쓸 수 있는 사이버머니이다.	
Q 통장	판매자의 정산금 및 출금을 확인할 수 있는 곳이다.	
Qxpress	Qoo10 시스템과 연동되어 있는 해외 배송 운송 업체이다.	
메가할인	Qoo10에서 1년에 4번 행사하는 대규모 할인 행사이다.	
셀러 등급	Qoo10은 매출액에 따라 일반, 우수, 파워 셀러로 구분하고 있다.	
서비스 포인트	고객의 후기나 배송서비스를 통해 셀러는 포인트를 얻을 수 있다.	
해외 배송 증빙	상품이 해외로 판매되어 배송되었다는 증빙자료를 QSM에서 확인 가능하다.	
부가세 환급	국내에서 부가세를 주고 구매한 상품을 해외로 판매한 경우, 해당 부가세를 환급 받을 수 있다.	
간이/일반 사업자	매출액에 따라 사업자가 구분된다.	
반품	고객이 상품을 수령 후 판매자에게 되돌려 주는 것이다.	
교환	고객이 상품 수령 후 다른 조건의 상품으로 판매자와 주고받는 것이다.	
캔슬(취소)	상품을 발송하기 전 고객에게 환불 처리하는 것이다.	
공급원가	판매수수료를 제외하고 판매자가 받는 정산 금액이다.	
CS(Cutomer Service)	전화나 메시지를 통해 고객과 소통하는 모든 행위이다.	
상품번호	Qoo10의 각 상품마다 갖고 있는 고유번호이다. 	

옵션	한 상품페이지에 있는 여러 상품 중 1개의 상품을 선택하게 하는 것이다.
	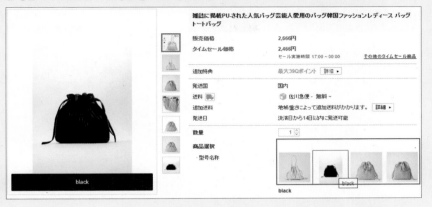
섬네일(썸네일)	콘텐츠 내용 미리보기 사진이라는 뜻으로 대부분 사용된다.

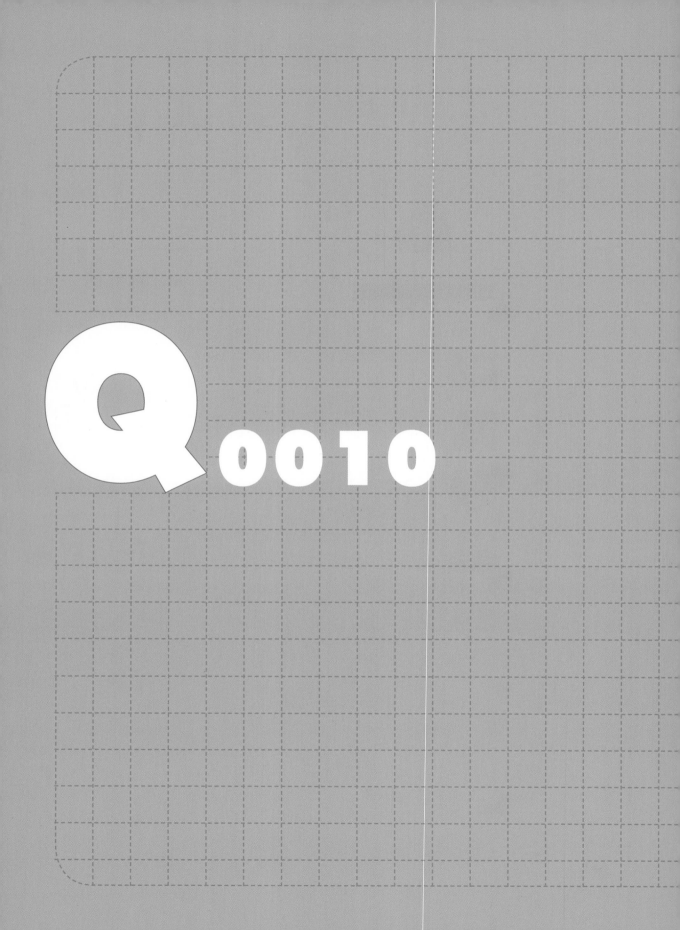

PART 03

아이템 및
해외 배송 회사 선택하기

01 _ 아이템 선정 시 주의사항과 일본 통관 기준

----

1 _ 해외 온라인 판매 시 주의해야 될 5가지 사항

해외 온라인 판매는 판매할 아이템을 가지고 있다고 무조건 판매할 수 있는 것은 아니다. 해외 배송과 통관을 거쳐야 하기 때문에 상품의 특성과 컨디션에 따라 상품의 판매 유무가 판가름 된다. 그렇다면 해외 온라인 판매 시 주의할 사항은 무엇이 있을까?

첫째, 상품의 견고함

해외 배송은 국내 택배보다 4배 이상의 배송 과정을 더 거치기 때문에 상품이 파손될 염려가 많다. 국내 택배 보다는 포장에 좀 더 신경을 써야하는 부분이다.

둘째, 상품의 호환성

일본의 전자제품 소비전력은 110V 이지만 한국은 220V 이다. 전자제품을 판매했지만 일본 고객이 사용할 수 없다면, 100% 반품처리를 해야만 한다. 판매할 상품이 일본 현지와 호환이 가능한지 먼저 확인할 필요가 있다.

셋째, 제품의 부피와 무게

부피와 무게는 제품의 판매가에 큰 영향을 주는 요소이다. 제품의 원가보다 배송비가 더욱 비싸 판매가가 비싸지는 경우가 있다. 가장 극단적인 예가 운동할 때 쓰는 아령이다. 제품자체는 비싸지 않지만 배송비가 많이 나와 전체 판매가가 높아진다. 또한 지나치게 부피가 크면 문제가 될 수 있다. 대표적인 예가 곰 인형이다. 제품의 무게는 가볍지만 제품자체의 부피가 크면 해외 배송에서는 부피 무게값으로 배송비용을 청구한다. 예를 들어 인형 실제 무게는 1kg 이지만 부피 무게값은 3kg이 나올 수 있다. 해외 배송은 값이 더 큰 쪽으로 배송비를 청구한다.

넷째, 가격경쟁력

판매할 상품이 일본에서 판매되는 비슷한 상품보다 비싸다면 굳이 한국 상품을 살 이유가 없다. 또한 중국 셀러가 2만 원에 판매하고 있는데 한국 셀러가 3만 원에 올리면 제품이 팔리지 않는 것은 당연하다. 판매하고자 하는 상품이 큐텐 재팬에서 가격 경쟁력이 있는지 경쟁 판매사들의 판매가를 조사할 필요가 있다.

다섯째, Licensing

큐텐 재팬에서 특정 브랜드 상품을 등록해서 판매하고자 한다면, 큐텐의 사전 승인을 받아야 한다. 상품을 등록 전 큐텐 셀러 고객센터에 문의가능하며, 문의 없이 상품등록을 시도한다고 해도 상품은 노출되지 않고 상품검수대기 상태로 큐텐에서 필요로 하는 서류가 접수되기 전까지는 상품은 노출되지 않는다.

2 _ 일본 통관 주의사항

큐텐 재팬에서 상품이 판매되어 배송된다면 일본 통관을 거쳐야 한다. 이 부분은 배송회사가 해결해 줄 수 있는 부분이 아니다. 셀러가 판매하기 전 체크해야 할 부분이다. 상품 통관 중 관세가 발생하거나 통관되지 않을 수도 있다. 보통 해외 판매는 무역조건에서 쓰는 DDP 조건으로 상품을 배송한다.

> **❝ DDP 조건이란**
> 고객의 집까지 배송하는 과정 중 발생하는 통관 수수료와 세금을 셀러가 책임지는 조건이다.

3 _ 주요 관세 발생 조건

❶ 판매금액이 16,666엔 이상인 경우

고객이 결제한 금액이 16,666엔 이상인 경우 관세가 발생한다. 여기에 우리나라의 부가세 개념인 일본의 소비세 10%도 추가 발생한다. '관세 + 소비세'가 발생한다고 생각하면 된다. Qxpress 배송회사를 사용하는 경우 선 납부 후 셀러에게 후 청구된다.

❷ 상품재질에 의해 발생하는 경우

- 티셔츠를 포함한 스웨터 등의 Knit 류는 1,600엔부터 관세 발생 예를 들어 티셔츠 판매가가 5,000엔인 경우 발생하는 총 세금은 대략 400엔 정도 나온다.
- 바지와 티셔츠도 동일하게 발생
- 가죽가방, 가죽신발 (소가죽 신발은 한 켤레부터 4,300엔 관세 발생)
- 스키화

【개인 수입 중 면세 대상 제외 상품 리스트】
- 개인 수입용 화물의 과세 대상 금액 16,666엔 이하일 경우라도 일반 상업 화물과 같은 세율을 적용 받는 품목

구분	품목	관세율	
의류품	모피코트 겉의류(편물), 속옷류(편물) T셔츠 수영복(편물) 양말	20% 7.4 ~ 12.8% 7.4~ 10.9% 8.4~10.9% 5.3~7.3%	
핸드백	가죽제품	8% ~ 16%	
신발류	피혁 또는 가죽을 사용한 신발(운동화,그 외)	30%(14,333円 이하일 때) 4300円(14,333円 초과 제품)	
음료	차잎류 (우롱차, 홍차)	3% ~ 17%	
주류	와인	통관 불가	

*관세의 세율은 원산국, 품목의 재질, 가공의 유무 등 용도 등에 의해 크게 변동될 수 있기 때문에, 상기표의 관세율을 그대로 적용된다고 볼 수는 없습니다. 참고자료로 참조해 주시길 바랍니다.

◆ 출처 : Qxpress 안내문

❸ 수량에 의해 발생하는 경우

고객 개인이 사용하기에 수량이 지나치게 많은 경우, 판매금액이 16,666엔 이하라도 세금이 발생할 수 있다.

- 컨텍트렌즈 : 원데이 렌즈일 경우 2달치 가능 (낱개 60개)
- 식기 : 개인 사용분으로 인정되는 소량만 가능
- 안경, 선글라스 : 1개까지 가능
- 기타 개인이 사용하기에 수량이 많이 판단되는 경우 (일본 통관 기준)

❹ 화장품

- 일본 통관 시 통상 수량 24개와 2개월 사용분까지 사용분까지 가능
- 10ml 화장품의 경우 24개까지 가능
- 120ml 화장품의 경우 한 달에 1개 사용으로 인정되어 총 2개까지 가능
- 상품등록 시 수량제한을 설정하면 고객은 제한된 수량만큼만 상품구입이 가능

해외 배송에 있어 가장 중요한 요소 3가지는 상품의 무게, 부피, 통관기준이다. 이 3요소는 상품 판매가를 결정함과 동시에 판매 가능함이 결정된다. 판매자는 적은 비용으로 원활한 통관에 힘써야 한다.

02 _ 큐텐에 판매할 아이템 시장조사하기

일본 고객들은 한국패션 상품이나 K-POP 관련 상품을 구매하려면 Qoo10.jp에 가면 된다는 인식이 많다. 물론 다른 여러 상품들도 판매되고 있다. 10년 넘게 일본에 상품을 판매하고 있지만 정말 말도 안 되는 상품이 판매되는 경우가 많다. 필자의 판매 경험으로 보면 일본이라고 모든 상품이 만족할 만큼 우수하지 않다. 그래서 일본 소비자들은 우리나라 소비자들이 미국이나 유럽 해외직구를 많이 하는 것처럼, 해외직구 시장에서 많은 상품을 구매하고 있다. 그렇다면 일본에 어떤 상품을 판매할지 찾아보자.

1 _ 일본 판매 아이템에 대한 Q&A

Q 일본 공산품이 우수한데 한국 공산품을 구매할까요?
A 한국 상품이 저렴하면서 품질이 우수한 상품들이 많습니다.

Q 일본 패션이 한국보다 앞서 있다고 알고 있는데 한국 패션이 통할까요?
A 현재 많은 한국 온라인 패션 쇼핑몰들이 일본에 진출해서 좋은 성과를 내고 있습니다.

Q 일본에는 맛있는 식품이 많은데 한국 식품에 관심 있을까요?
A 제 2의 한류로 일본 고객들은 한국 식품에도 많은 관심이 있습니다. 일본 코스코 쇼핑몰 매출 상위품목에는 한국 식품이 다수를 차지하고 있습니다.

Q 한국의 노노재팬 운동으로 한국 상품이 판매가 될까요?
A 한국에서는 일본 상품 불매운동이 심하지만, 일본에서는 크게 이슈화되고 있지는 않습니다. 필자는 작년 대비 매출이 더 올랐습니다.

2 _ Qoo10 재팬 인기 키워드로 상품 찾기

현재 Qoo10에서 인기 있는 키워드를 분석해서 고객들이 많이 찾는 상품을 준비한다면 빠른 판매와 매출상승을 기대할 수 있다.

팝업 창이 뜨면서 다음과 같이 현재 인기 키워드를 확인할 수 있다. 다음 목록은 실제로 일본어로 표기된다.

순위	키워드	검색수/일 주간평균/일	검색수/일 어제	입찰중	입찰	그룹별 보기 : 선택
1	방탄 소년단 (3)	16,055	15,522	11	2,600 ~	여성패션
2	마스크 (4)	14,378	14,692	18	17,100 ~	뷰티·화장품
3	kf94 마스크 (3)	13,514	14,926	18	14,800 ~	남성·스포츠
4	아이새도 (3)	10,691	10,034	17	4,500 ~	디지털·모바일
5	카라 콘 (3)	8,030	7,833	12	10,800 ~ 1,000	홈·생활
6	제모기 (1)	7,829	8,309	25	53,000 ~ 1,000	식품·유아
7	로무안도 (7)	8,362	7,462	15	6,600 ~ 1,000	엔터테인먼트·e티켓
8	원피스 (5)	7,299	7,372	10	7,500 ~ 1,000	☐
9	지구 구미 (2)	6,455	8,526	1	1,000	☐
10	iphone12 케이스 (4)	7,377	7,504	8	2,300 ~ 1,300	☐
11	클리오 아이 새도우 팔레트 (11)	6,925	6,165	8	4,400 ~ 1,000	☐
12	bluetooth 이어폰 (8)	6,543	8,113	14	8,200 ~ 800	☐
13	샌들 (1)	5,610	6,250	15	4,900 ~ 1,000	☐
14	NCT 드림 (3)	7,844	12,906	0	1,000~	☐
15	사슴 크림 (3)	5,561	4,735	9	8,300 ~ 1,000	☐
16	팩 (1)	5,439	5,021	12	5,500 ~ 1,000	☐
17	토트 백 (6)	5,858	5,511	6	1,500 ~ 1,000	☐
18	카라 콘 1day (6)	5,511	5,746	13	10,000 ~ 1,000	☐
19	이니스후리 (4)	5,938	4,980	12	2,600 ~ 1,000	☐
20	운동화 (2)	4,874	4,324	11	3,600 ~ 1,100	☐
21	어머니의 날 선물 (1)	4,698	2,599	1	1,000	☐

◆ 그림 2-2

일간 / 주간 키워드를 확인할 수 있다.

일간급상승 키워드

순위	키워드	검색수/일		입찰중	입찰가	선택
		주간평균/일	어제			
1	텐트 (9)	1,144	1,054	2	300 ~ 300	☐
2	구다루 (7)	1,127	834	12	1,900 ~ 300	☐
3	nike 에어 포스 1 (3)	686	674	0	200~	☐
4	매트 립 (3)	484	520	5	200 ~ 100	☐
5	반바지 (8)	1,562	1,450	9	900 ~ 300	☐
6	트레이닝 복 (3)	691	636	3	300 ~ 200	☐
7	와이드 팬츠 여성 (8)	1,196	1,082	10	900 ~ 300	☐
8	신발 (5)	611	561	7	400 ~ 200	☐
9	팔찌 (8)	839	839	8	500 ~ 200	☐
10	백 (4)	1,481	1,285	4	600 ~ 300	☐

주간급상승 키워드

순위	키워드	검색수/일		입찰중	입찰가	선택
		주간평균/일	어제			
1	NCT 드림 (3)	7,844	12,906	0	1,000~	☐
2	bluetooth 이어폰 (8)	6,543	8,113	14	8,200 ~ 800	☐
3	지구 구미 (2)	6,455	8,526	1	1,000	☐
4	메디 힐 팩 30 장 (1)	1,411	1,425	0	300~	☐
5	어머니의 날 선물 꽃 (11)	2,723	1,765	0	600~	☐
6	닌텐도 스위치 (20)	6,621	3,931	2	1,200 ~ 800	☐
7	한국 인테리어 (3)	2,874	2,831	5	700 ~ 600	☐
8	한국 배낭 (6)	1,973	1,996	13	1,000 ~ 400	☐
9	사슴 크림 (3)	5,561	4,735	9	8,300 ~ 1,000	☐
10	원피스 롱 (8)	2,702	3,139	11	3,500 ~ 500	☐

3 _ TOP 랭크 100 살펴보기

큐텐에서 가장 잘 팔리는 TOP 100 상품을 벤치마킹 후 판매할 아이템을 준비할 수 있다. qoo10.jp 홈페이지에서 "랭크"를 클릭한다.

상위 랭크 100 상품을 종합이나 상품 카테고리별로 확인할 수 있다. 상품 판매 순위는 판매액뿐만 아니라 배송서비스 등 다른 요소가 합쳐서 보여지는 상품들이다.

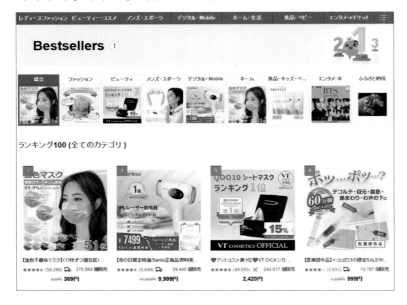

4 _ 라쿠텐 재팬에서 시장조사

일본에서 가장 영향력 있는 마켓이 라쿠텐 재팬(rakuten.co.jp)이다. 주로 식료품 매출액인 높은 편이다. 라쿠텐에서의 시장조사를 통해 큐텐에서 판매할 상품을 준비할 수 있다.

5 _ 아마존 재팬에서 시장조사

현재 아마존 재팬(amazon.co.jp)은 라쿠텐의 매출액을 뛰어 넘었다. 주로 공산품 매출액이 높은 편이다. 그 만큼 일본에서 가장 핫한 마켓이다. 아마존 재팬에서의 시장조사를 바탕으로 큐텐 상품을 준비할 수 있다.

04 _ 아이템 소싱하기

판매 아이템을 정했다면, 이제 상품을 어디서 공급 받을지를 알아보아야 한다. 아이템을 단지 저렴하게 공급받는 것도 중요하지만 안정적으로 상품을 공급받을 수 있어야 한다. 한 예로 조금 잘 판매가 된다 싶으면 공급업체에서 제품이 품절이라는 통보를 받는 경우가 많다. 여기에 더해 자본금이 적다면 상품 확보 또한 쉽지 않아 판매기회를 놓칠 수 있다.

사실 상품을 해외 온라인 마켓에 판매한다면, 상품 공급가격도 중요하지 않다. 경쟁이 붙은 상품은 공급가가 중요하지만 해외 온라인 마켓에서는 판매가 되지 않고 있는 상품이 많기 때문에 상품만 잘 선택하면 도매가보다 조금 비싸더라도 좋은 판매수익을 만들어 낼 수 있다. 판매자와 잘 맞는 상품 공급업체를 찾는다면 매출은 자동으로 따라오게 되어 있다.

1 _ 온라인 도매 쇼핑몰 (사업자 등록증 필수)

현재 도매 공급 트렌드는 온라인 도매 마켓을 통해 상품을 공급 받는 것이 대세다. 그래서 사업자 등록증만 있다면 쉽게 도매가로 제품을 공급받을 수 있다.

국내 온라인 도매몰의 특징

- 사업자 등록증이 있어야 한다.
- 대부분 상품 사진을 사용하도록 승인해준다.
- 도매상품을 신용카드로 결제가 가능하다.
- 택배로 손쉽게 상품을 받을 수 있다.
- 상품 1개를 구매해도 도매가격으로 제공한다.
- 일부 마켓은 재고관리가 잘 안되어 상품 품절이 빈번한 곳도 있다.
- CS가 엉망인 업체도 다수 있다.

네이버에서 온라인 도매몰이라고 검색하면 다수의 온라인 마켓을 찾을 수 있다. 여러 도매몰이 있지만 어느 곳이 좋은지는 셀러가 사용해보지 않는 이상 해당 업체가 운영이 잘되는 업체인지 알 수가 없다. 제품을 구매했는데 잦은 품절 통보가 오거나 셀러가 업체에 문의했는데 답변이 하루 이상 걸린다고 하면 해당 업체와 거래하지 않는 것을 추천한다.

2 _ 전문 도매몰

특정 카테고리를 전문적으로 다루는 도매사이트들도 있다. 여성복을 판매하고 싶다면 여성복 도매사이트라고 검색하면 많은 업체를 볼 수 있다. 물론 동대문 시장에 가서 직거래를 하면 좀 더 저렴하게 공급 받을 수 있지만 많은 시간을 소비하게 된다. 온라인 도매사이트를 이용하면 상품 사진을 사용하게 해주기 때문에 사진촬영에 시간을 쓸 필요가 없다. 또한 상품을 구매하라 새벽에 동대문을 방문하지 않아도 되기 때문에 많은 시간과 체력을 아낄 수 있다. 해외 온라인 마켓에서의 상품 판매라면 온라인 도매사이트만 잘 이용해도 충분한 마진을 확보할 수 있다.

3 _ 도매꾹

처음 해외 온라인 판매를 시작하는 셀러라면 "도매꾹"을 먼저 이용해 보기를 권장한다. 16년 이상 국내 온라인 유통시장을 이끌고 있는 마켓이며, 그만큼 상품도 많고 안정적인 마켓이다. 다수의 국내 판매자들도 많이 이용하고 있는 마켓이기도 하다. 국내상품의 트렌드를 읽기에도 좋은 마켓이다.

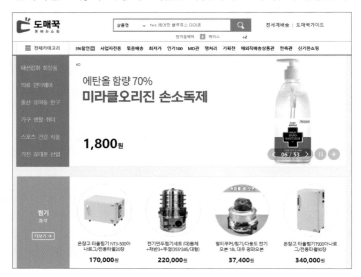

4 _ 제조업체 알아보기

어느 특정 상품을 저렴하게 판매하고 싶다면 제품 공급의 최상단인 제조업체를 찾아가는 것이 가장 좋다. 왠만한 제조업체는 네이버에 주소와 전화번호를 등록하는 경우가 많다. 그래서 네이버지도에서 "상품+제조" 단어만 조합하면 원하는 업체를 찾을 수 있다. 상품과 화번호를 알 수 있다.

5 _ 중국에서 상품 소싱하기

사실 상품 소싱에서 중국을 빼놓을 수 없다. 하지만 판매 경험 없는 초보자가 중국에서 직접 상품을 소싱하는 것은 너무나 위험하다. 설령 상품을 가져 왔더라도 여러 비용을 다 따져보면 국내 도매몰보다 비싸게 가져오는 경우가 많다. 판매자가 판매하고 싶은 상품이 한국에 없거나 판매가 잘되는 상품을 좀 더 저렴하게 공급 받으려 한다면 중국에서 반드시 상품 소싱을 시도해야 한다. 중국 상품 소싱에는 여러 방법이 있지만 그 중 2가지만 소개하겠다. 이 방법만 이용해도 충분하다. 추후 매출과 판매경력이 늘어나면 더 나은 업체와 방법을 찾는 것은 어렵지 않을 것이다.

❶ 중국 수입대행 업체 이용하기

가장 일반적인 방법이다. 업체마다 중간 수수료가 다르기 때문에 여러군데 상품 견적을 받아 보는 것을 추천하다. 물론 어느 업체가 서비스를 잘하는지는 직접 이용해보지 않으면 알 수 없다. 자세한 방법은 유튜브에도 많은 내용이 올라와 있으니 여러 구매방법을 조사하고 공부하길 바란다.

> **TIP** 중국 수입대행에 관한 내용은 앤써북에서 출간된 다음 도서를 참고하면 도움된다.
>
> - 누구나 따라할 수 있는 기막힌 중국 구매대행 끝장 매뉴얼(이윤섭, 손승엽 공저 앤써북)
> - 한 권으로 끝내는 타오바오+알리바바 직구 완전정복(정민영, 백은지 공저 앤써북)
> - 글로벌 상품소싱 쉽게 따라하기(이중원 저 앤써북)

❷ 1688 닷컴 구매대행

1688.com은 중국의 대표적인 온라인 도매사이트다. 중국 현지 사업자들만 구매가 가능하기 때문에 한국 셀러는 해당 사이트에서 구매가 어렵다. 그래서 대부분 구매대행을 통해 상품을 가져오는 경우가 대부분이다. 1688의 상품은 중국에 특화된 상품도 있지만 대부분 해외 고객을 위해 만들어진 상품들이 많기 때문에 해외 트렌드 상품을 파악할 수도 있다.

04 _ 큐텐 판매 방식(RA, OA, PL, Drop Shipping)

기술의 발전으로 사업의 형태는 정말 다양해지고 있다. 그 중 온라인 전자상거래에서의 판매방식은 너무나 다양해지고 있다. 다양화된 시스템만 잘 이용하면 직원 없이 상당한 매출을 만들어 낼 수 있는 시장이 온라인 전자상거래이기도 하다. 여기서 설명하고자 하는 것은 그 중 큰 틀에서 볼 수 있는 몇 가지 판매방식을 말해보고자 한다.

1 _ 사입 VS 무재고

온라인 판매 방식에서 가장 기본적으로 나누어지는 2가지 방식은 사입과 무재고 판매를 들 수 있다. 어느 방식이 정답이라고 말할 수 없다. 각 판매방식의 특징을 파악해서 상품에 따라 적절하게 혼합해서 사용하는 것이 최상의 판매 방식이라고 생각한다.

2 _ 사입 판매의 특징

- 제품을 미리 구입해서 재고를 두고 판매하는 방식이다.
- 재고가 확보되어 있기 때문에 안정적인 판매가 가능하다.
- 대부분 대량 매입하기 때문에 공급가도 좀 더 저렴하게 공급 받을 수 있다.
- 제품을 미리 구매해야하기 때문에 자본금이 필요하다.
- 상품을 보관하기 위한 창고가 필요하다.

3 _ 무재고 판매의 특징(배송대행)

• 초기 자본금이 사입에 비해 적다.
• 판매가 될 때마다 상품을 구입하기 때문에 재고가 남지 않는다.
• 창고의 필요성이 적기 때문에 작은 사무실에서도 판매가 가능하다.
• 막상 판매가 되었을 때 공급업체의 품절인 경우가 많아 판매가 불안정하다.
• 다수의 유통업체를 거치는 경우가 있어 공급가가 다소 높은 경우가 있다.

4 _ 상품 사입의 방식

❶ RA(Retail Aribitrage)

상품을 오프라인 소매매장에서 구입해서 온라인 소매마켓에 판매하는 방식이다. 현재 국내에서 이러한 형태를 보이는 대표적인 판매방식이 코스트코(Costco) 구매대행이다. 코스트코는 지역적 한계와 유료회원만 구매가 가능하기 때문에 코스트코 상품을 구매 못하는 고객들이 있다. 이를 대신해 구매대행업자가 코스트코 상품을 온라인에 상품등록하고 주문이 들어오면 코스트코 매장에서 제품을 구입해 택배를 보내준다.

❷ OA(Online Aribitrage)

상품을 온라인 도소매 마켓에서 구입해서 다른 온라인 소매 마켓에 판매하는 방식이다. 최근에 많이 이루어지고 있는 판매 방식이다. 이미 상품페이지와 상품이 준비되어 있어 판매자는 상품만 등록한다. 국내에서는 특정 온라인 도매 업체를 이용하는 경우, 상품등록도 클릭 몇 번으로 여러 마켓에 동시에 상품이 등록시킬 수 있다. 누구나 쉽게 시작할 수 있기 때문에 지나친 가격경쟁과 잦은 상품 품절로 판매가 불안정한 경우가 많다.

❸ PL(Private Label)

대부분 제조업체에 주문하여 상품에 자신의 브랜드를 입혀 판매하는 방식이다. 가장 흔한 방식이다. 중국에서 괜찮은 상품을 가져와 자신의 브랜드로 판매하는 방식이다. 국내 마켓에서 흔히 볼 수 있는 것이 똑같은 스마트폰 거치대지만 브랜드 이름만 다른 것을 발견할 수 있을 것이다. 더 빈번하게 볼 수 있는 경우는 똑같은 동대문 옷에 상품 이름만 바꿔서 판매하는 방식이다. 판매가 저조한 경우, 많은 재고로 인해 막대한 피해를 입을 수 있다.

❹ DS(Drop Shipping)

판매자가 공급업체에 주문하면 상품뿐만 아니라 배송까지 진행해주는 형태이다. 국내에서는 위탁배송이란 형태로 진행되고 있다. 사실 판매자는 거의 할 일이 없어 시공간적 제약이 가장 없는 판매 방식이다. 하지만 모든 판매행위를 공급업체에 위탁한 형태이기 때문에 상당한 수익은 포기할 수밖에 없다. 해외 온라인에서는 현재 미국에서 활발하게 이루어지고 있는 방식이다. 기술 발달로 인해 다양한 마켓의 상품을 자신의 홈페이지 끌어와 진열해놓고 판매를 하는 형태이다. 국내에서는 해외구매대행 판매가 대표적이라 할 수 있다.

05 _ Qxpress(큐텐 재팬 배송 업체)

해외 온라인 판매에서 가장 어렵게 생각하는 부분이 해외 배송이다. 가장 큰 이유는 일단 해외 배송은 어렵다는 선입견을 갖고 시작한다. 물론 국내 택배보다 공부할 내용이 조금 많지만 판매하다 보면 그리 어려운 내용이 아니다. 해외 배송만 잘 공부해 놓으면 판매할 곳은 점점 많아진다.

필자가 Qoo10 판매 시 추천하는 배송회사는 Qxpress이다. 지금은 각각의 회사가 되었지만 Qoo10이 초반 시작했을 때만해도 이 두 조직은 같은 회사였다. 그 만큼 Qxpress는 Qoo10과 시스템 연동이 잘 되어 있고, 일본 배송에 대한 많은 노하우를 갖고 있다.

우리는 Qoo10 회원 가입을 신청할 때 이미 Qxpress 이용신청을 했기 때문에 회원 가입 승인이 완료 되었다면 바로 사용 가능하다. Qoo10 Japan과 Qxpress 시스템이 연동되어 있어 상품추적이 물류센터 입고부터 일본 통관을 거쳐 상품배송완료 과정까지 전부 가능하다. 판매자는 물론 큐텐 고객들도 전 과정 추적이 가능하다. Qxpress는 일본뿐만 아니라 11개국(싱가포르, 중국, 홍콩, 대만, 인도네시아, 미국, 말레이시아, 독일, 인도 등) 배송도 가능하다. 이에 대한 설명은 "Part 9 - 10년 선배가 조언하는 매출성공 및 시례 사례-Lesson 06 해외 온라인 판매채널 확대"를 참조한다. Qoo10 Japan 셀러라면 Qxpress만 이용해도 큰 매출을 만들 수 있다. 당연히 필자도 10년 넘게 Qxpress를 이용하고 있다.

1 _ Qxpress와 다른 배송사와의 장단점

❶ Qxpress의 장점

- 해외 배송을 위한 엑셀작업이 필요 없다. (우체국 배송에 비해 3배 빠른 작업속도)
- 큐익스프레스에서 입고 및 출고가 되면 Qoo10 주문내역에서 자동으로 상품 송장번호가 업데이트 된다
- 우체국 배송비용 보다 저렴하다.
- 우체국에 배송속도가 빠르다.
- 배송서비스 포인트 관리에도 편리하다.
- 시스템 연동으로 배송완료가 빠르게 확인되기 때문에 판매 정산금도 빠르게 받을 수 있다.
- 배송상황에 대해 피드백 (Feedback)이 좋다. 상품의 파손, 분실, 통관 문제 등 배송 중 문제가 생기면 이메일나 전화로 셀러에게 연락이 온다. 이러한 서비스를 해주는 곳은 거의 없다고 보면 된다. 설령 이런 업체가 있다하더라도 Qxpress 대비 배송비가 2~3배 비싼편이다.

- 큐익스프레스를 많이 이용하는 경우 상품 픽업요청을 할 수 있다.(수도권 일부만, 큐익스프레스에 별도 문의)

❷ Qxpress의 단점

- 배송비 청구를 엔화로 하기 때문에 배송비가 환율에·따라 변동이 있다.
- 포장한 상품은 큐익스프레스 물류 창고로 보내야 하기 때문에 국내 택배비용이 발생한다.
- 부피가 큰 상품의 배송비는 우체국보다 큐익스프레스가 비싼 경우가 많다.

2 _ Qxpress 물류센터 현황

셀러는 제품이 판매되면 Qxpress 물류센터로 상품을 보내야 한다. Qxpress 물류센터는 한국에 2곳이 있다. 셀러는 가장 가까운 물류센터를 이용한다.

- **김포 물류센터**

주소 : 경기 김포시 고촌읍 아라육로 230번길 16 1F

전화번호 : 02-2620-1100

- **부산 물류센터**

주소 : 부산광역시 동구 좌천로 3 (1층)

이용문의 : shryu@qxpress.net

♦ 사진출처 −Qxpress 안내문

3 _ Qxpress 픽업 택배 신청하기(우체국 택배)

큐텐에서 주문이 들어왔다면 이 상품을 포장 후 택배로 Qxpress 물류센터로 보내야 한다. 물론 이 택배비용은 셀러가 부담해야 한다. 평소 저렴하게 이용하던 국내 택배 회사가 있다면 다행이지만 처음 시작하는 셀러에게는 택배비가 부담이 될 수 있다. 이럴 때 Qxpress 택배 픽업서비스를 신청하면 저렴하게 이용할 수 있다.

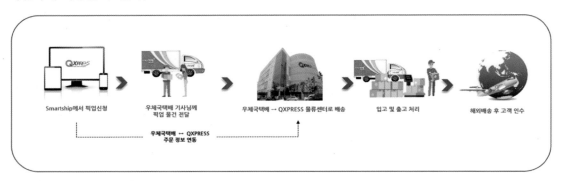

◆ 사진출처 – Qxpress 안내문

- 우체국택배 규격사이즈 참고

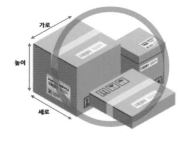

◆ 사진출처 – Qxpress 안내문

Qxpress 우체국 픽업서비스를 이용하려면 스마트배송 사이트에 별도 회원 가입을 해야 한다.

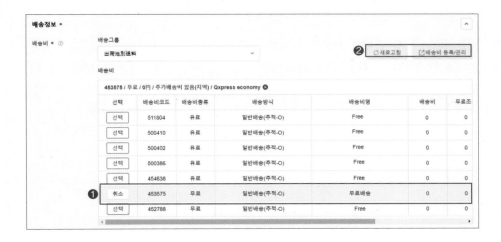

발송가능일

여기서 반드시 입력해야 하는 부분이 발송가능일이다. 발송가능일은 상품페이지에 노출되는 부분이다.

- 일반배송 : 주문일 기준 1~14일까지 설정이 가능하다.
- 당일발송 : 주문 마감시간을 정하고 주문들어온날 송장번호 함께 발송처리
- 예약발송 : 상품을 출시 전 예약 판매할 때 유용하다.

※ 일반발송에서 주문일 기준 3일 이내로 설정해야 배송서비스 포인트를 받을 수 있다. 상품재고가 확보 된 경우, 상품을 택배로 Qxpress 물류센터로 보내도 배송포인트 점수는 가능하다.

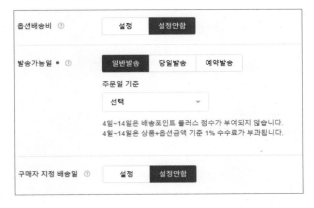

검색키워드

상품관 연관 된 키워드를 입력 후 엔터를 누르면 키워드가 입력된다. 최대 10개의 키워드까지 입력이 가능하다. 입력된 키워드는 곧 검색태그라고 생각하면 된다. 고객이 해당 키워드를 입력했을 때 판매자의 상품이 노출 되는 것이다.

부가정보

부가정보에서는 아래의 내용정도만 입력해도 판매에는 큰 무리는 없다. 물론 더 많은 정보를 입력하면 판매에 도움이 된다.

❶ 기본 새상품으로 설정되었다. 중고품 선택도 가능하다.
❷ 일본마켓이기 때문에 Made in Japan이 아닌 이상 원산지는 해외이다. 제조국 또한 상품의 제조국가를 선택하면 된다.
❸ 대략적인 상품 무게를 입력한다. 해외배송인 경우 필수 입력이다.

필수 입력 항목은 아니지만 아래의 항목을 입력하면 판매에 도움이 된다.

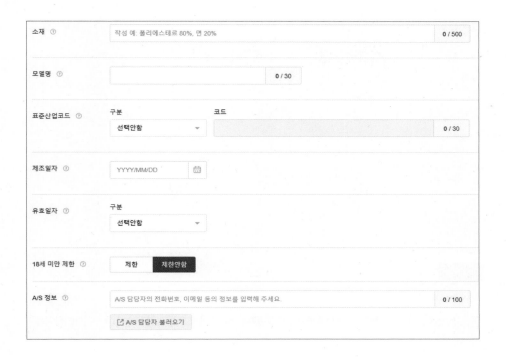

❶ 필수입력 : 필수입력란에 입력이 안되어 있으면 빨간색 글씨로 표시가 된다. 빨간색 글씨를 클릭하면 해당 입력 화면으로 이동하게 된다.

❷ 임시저장 : 상품등록을 중간에 멈춰야 하는 경우, 등록했던 내용을 임시저장 할 수 있다.

❸ 등록하기 : 최종 상품등록 신청이 완료 된다.

최종 상품 정보를 확인 후 "등록하기"를 클릭한다.

최종 상품등록이 완료되었다. 닫기 버튼을 클릭하면 상품등록 화면이 그대로일 것이다. 이미 상품등록이 완료 되었으니 다시 "등록하기" 버튼을 클릭할 필요는 없다.

02 _ 상품 편집/삭제/복사등록

1 _ 상품 편집

상품등록 후에도 상품페이지를 꾸준히 관리해주어야 한다. 가장 흔한 것이 경쟁셀러의 등장으로 인한 가격 변동과 재고 및 옵션 수정 사항이 많다. 또한 제대로 상품이 등록되었는지 다시 한 번 확인해서 고객 클레임이 발생을 미연에 방지하면 좋다. 클레임 방지는 곧 셀러의 판매증대와도 연관되어진다. 상세페이지 내용을 수정 및 삭제를 위해서는 QSM 왼쪽 상품 관리 탭을 클릭한다.

❶ 상품관리 -〉 ❷ 상품조회/수정

❶ 전체 (총 상품등록한 상품 수) / 판매중 (고객에게 상품이 노출 되는 상품 수) / 재고 10개이내 (상품재고 수가 10내이로 등록 된 상품수) / 품절 / 승인대기 (등록한 상품은 승인 완료 후 노출된다.) / 승인거부 (Qoo10에 의해 거부 된 상품 수) / 판매중지, 제한 (판매자설정 및 Qoo10에 의해 판매 중지 된 상품 수) / 판매기간 종류 7일전 (판매기간 설정한 상품의 남은 기간) / 판매기간 종류
❷ 상품 카테고리별 상품 검색이 가능하다.
❸ 선택된 판매 상태의 상품만 검색 가능하다.

❶ 검색어 : 검색하고자 하는 항목을 선택한다.

❷ 기간 : 특정기간 동안 등록한 상품을 조회할 때 설정한다.

❸ 할인상태 : 할인을 설정한 특정 상품을 조회할 때 설정한다.

❹ 검색 : 상품검색이 시작 된다.

❶ "수정" 버튼을 클릭하면 해당 상품의 수정 버튼들이 목록 아래부분에 나타난다.

❷ – 수정: 상세페이지 전체를 수정할 수는 페이지를 확인할 수 있다.

  – 옵션 수정 : 옵션만 수정 가능하다.

  – 검색키워드 수정 : 검색키워드만 수정 가능하다.

  – 판매중지로 변경 : 상품이 더 이상 노출 되지 않는다. 상품페이지는 그대로 남아 있다.

  – 복사등록 : 상품가격과 재고수량을 제외한 해당상품의 상품정보를 그대로 이용가능하다.

  – 삭제 : 상품페이지 삭제한다.

❸ 해당 상품페이지를 바로 할인 및 광고설정이 가능하다.

❹ 상품명을 클릭하면 현재 노출되고 있는 상품페이지를 확인할 수 있다.

❺ 숫자를 클릭하면 수정이 가능한다. 반드시 숫자를 입력 후 "엔터" 키를 눌러야 숫자가 반영된다.

❻ 오늘 / 어제 / 최근 1주 순으로 판매 수량을 확인할 수 있다.

가이드에 맞지 않는 상품 검색

❶ 상품검색 목록 화면에서 "가이드에 맞지 않는 상품 검색"을 통해 여러 부적합 상품을 확인할 수 있다. 빨간색 글씨를 클릭하면 바로 수정이 가능하다. 등록한 상품이 Qoo10 상품 가이드에 맞지 않으면 상품이 고객에게 노출이 잘 안될 수 있다.

❷ 상품 목록들을 크게 볼 수 있다.

상품랭킹 점수

고객이 특정 상품 키워드나 카테고리를 통해 상품을 검색 했을 때 셀러의 상품이 상위에 노출 되기 위해서는 여러 요소가 결합 되어 노출된다. 물론 상품이 판매가 잘 되려면 상품이 최소한 1페이지 안에 노출이 되어야 한다.

상품노출의 주요 요소는 크게 3가지 요소로 이루어져 있다. 아래의 3개의 요소와 함께 고객이 검색하는 키워드와 일치하게 되면 상품은 상위에 노출 되게 된다.

03 _ 상품 옵션 설정 및 수정/삭제

옵션이라 함은 고객이 상품페이지에서 다양한 상품 중 1개나 그 이상을 선택하게 하는 설정을 말한다. 큐텐 재팬 판매가 다른 마켓보다 좋은 점 중 하나가 자유로운 옵션 설정이 가능하다는 점이다. 아마존, 이베이 등의 마켓을 보면 큐텐 만큼 쉽고 다양하게 옵션을 설정할 수 없다. 이는 다른 마켓과의 차별화이나 셀러에게 있어 또 다른 판매 무기가 될 수 있다.

큐텐에서 설정 가능한 옵션은 크게 3가지가 있다. 이 3가지 옵션을 혼합해서 설정도 가능하다.

❶ 기본옵션 : 거의 모든 상품의 옵션설정은 가능하다. 각 옵션별로 상품재고 설정이 가능한다. 주로 의류, 가방, 신발 등의 색상 사이즈를 선택해야하는 상품에 적합하다.

❷ 추가구성 (선택형) : 단순한 색상선택이나 추가상품 옵션 설정이 가능하다. "기본옵션"이 다른 점은 각 옵션별 재고입력 설정을 할 수 없다.

❸ 추가구성 (텍스트형) : 고객이 직접 옵션명을 입력해야 하는 옵션이다. 단순 옵션으로 설정이 불가능한 상품을 판매할 때 사용된다. 예를 들어 상품에 고객 이니셜을 새겨주는 상품에 사용된다.

기본옵션

"Lesson 01 상품등록하기"에서는 간단한 옵션만 설명했다. 여기서 설명할 내용은 좀 더 단계적인 옵션설정으로 주로 의류나 신발 등을 판매할 때 쓰는 옵션설정이다. 예를 들어 고객이 티셔츠를 구매한다면 스타일 선택 −〉 색상선택 −〉 사이즈선택을 하게끔 하는 설정이라고 생각하면 된다. 기본옵션은 최대 3단계 설정만 가능하다.

> ❝ 옵션의 개수는 무제한 만들 수 있는 것이 아니라 최대 3행을 만들 수 있으면 각 행마다 최대 20개까지 옵션 설정이 가능하다. 아래의 상품의 예를 들어 TYPE 라는 옵션을 만든다면 TYPE 라는 행안에 20개의 색상까지 설정이 가능하다는 말이다. COLOR, SIZE도 마찬가지이다.

❶ 옵션 항목에서 "설정"을 클릭한다.

❷ 기존에 있는 옵션을 선택하거나 "+직접입력"을 클릭해서 옵션명을 직접 입력할 수 있다.

❸ 옵션명은 최대 3개까지 가능하다. 옵션값은 ","로 구분해서 입력하면 됩니다. 예를 들어 "Black,Red,White"라고 입력하면 된다.

❹ 옵션명/옵션값을 입력 후 "옵션 목록으로 적용"을 클릭한다.

❺ 각 항목을 더블클릭하면 각각의 내용을 수정할 수 있다.

❻ 옵션 항목들을 체크하고 옵션가격이나 재고 수량을 입력하면 체크한 옵션들을 일괄 수정할 수 있다.

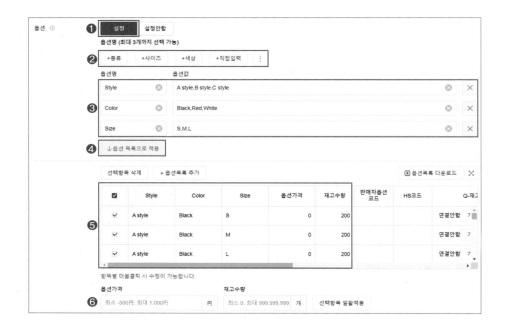

❶ 옵션 항목이 많아 다른 방법으로 옵션을 설정할 경우 클릭하면 된다.

❷ 다른상품 옵션 복사하기 : 이미 상품등록 되어 있는 상품의 옵션을 가져와 수정해서 사용가능하다.

　엑셀 업로드로 등록하기 : 엑셀 양식을 통해 옵션 등록이 가능하다.

❶ 옵션 등록 양식을 다운 받을 수 있다. 다운 받은 엑셀 양식은 옵션값을 입력하는 부분을 제외하고 다른 부분을 삭제하거 변형하면 안된다.

❷ 작성 완료 한 엑셀 양식을 업로드한다.

❸ 업로드한 양식을 반영하기 위해 "등록"을 클릭한다.

아래와 같이 엑셀이 적용된다.

위와 같이 옵션을 적용 시키려면 아래와 같이 엑셀 양식을 작성해야 한다.

	A	B	C	D	E	F
1	option_title_1	option_name_1	option_title_2	option_name_2	option_title_3	option_name_3
2	★옵션명1	★옵션값1	◆옵션명2	◆옵션값2	♥옵션명3	♥옵션값3
3	필수입력	필수입력	선택입력	선택입력	선택입력	선택입력
4	[주의] 작성 시 하나의 옵션명을 동일하게 입력 최대 50글자 예1) Type 예2) Size 예3) Color	최대 50글자 옵션명별 최대 20종류까지 입력 가능 예1) S 예2) Red	[주의] 작성 시 하나의 옵션명을 동일하게 입력 최대 50글자 예1) Type 예2) Size 예3) Color	최대 50글자 옵션명별 최대 20종류까지 입력 가능 예1) S 예2) Red	[주의] 작성 시 하나의 옵션명을 동일하게 입력 최대 50글자 예1) Type 예2) Size 예3) Color	최대 50글자 옵션명별 최대 20종류까지 입력 가능 예1) S 예2) Red
5	Style	A Style	Color	Black	Size	S
6	Style	A Style	Color	Black	Size	M
7	Style	A Style	Color	Black	Size	L
8	Style	A Style	Color	Red	Size	S
9	Style	A Style	Color	Red	Size	M
10	Style	A Style	Color	Red	Size	L
11	Style	A Style	Color	white	Size	S
12	Style	A Style	Color	white	Size	M
13	Style	A Style	Color	white	Size	L
14	Style	B Style	Color	Black	Size	S
15	Style	B Style	Color	Black	Size	M
16	Style	B Style	Color	Black	Size	L
17	Style	B Style	Color	Red	Size	S
18	Style	B Style	Color	Red	Size	M
19	Style	B Style	Color	Red	Size	L
20	Style	B Style	Color	white	Size	S
21	Style	B Style	Color	white	Size	M
22	Style	B Style	Color	white	Size	L

추가구성 (선택형)

이 옵션은 앞에서 설명하였기 때문에 엑셀 양식 작성법에 대해서 설명하겠습니다. 엑셀 양식 다운과 업로드 방법은 위와 같다.

위의 옵션은 아래의 엑셀 양식을 업로드 후 "선택안함"을 클릭한 상태이다.

	A	B	C	D	E	F
1	option_title	option_name	option_price	seller_unique_option_id	external_product_hs_id	q_inventory_id
2	항목명	항목값	추가구성가격	판매자옵션코드	HS코드	Q-재고코드
3	필수입력	필수입력	필수입력	선택입력	선택입력	선택입력
4	최대 50글자 예1) 追加購入 예2) Gift 예3) プレゼント 등록	최대 50글자 항목명별 최대 20종류까지 입력 가능 예1) 選択しない 예2) リフィル	[주의] 최소 1개의 옵션은 '0'円 입력 필수 최대 10글자 (숫자, 마이너스 입력 가능) 판매가격의 최소 -50%, 최대 +50% 입력 가능 예1) -1,000 예2) 2,000	최대 100글자 예1) 追加購入 - リフィル 예2) A0001	[참고] 사가와글로벌 배송 이용 시 입력 필수 최대 50글자 예1) 6307909000 예2) 8471601030	Q-재고코드/상세코드로 입력 예1) 300000000000/00001 예2) 300000000000/00002
5	Mini Pouch	Black	0			
6	Mini Pouch	Red	500			
7	Mini Pouch	Blue	0			
8	Strap	Black	0			
9	Strap	Orange	-100			
10	Strap	Brown	0			
11						

추가구성 (텍스트형)

텍스트형은 최대 3개까지 활용가능하다. 입력한 내용만 노출된다. 이 그림에서는 한글로 적었지만 실제 판매할 때는 반드시 일본어로 작성해야한다.

옵션에 이미지 넣기

선택옵션에 상품 이미지를 넣으면 고객들이 좀 더 쉽게 상품을 선택할 수 있다. 아래의 화면이 옵션에 이미지를 넣은 상품이다.

공지위치확인– 셀러샵정보

셀러의 각 상품마다 아래와 같은 버튼을 확인할 수 있다. 버튼을 클릭해야 공지를 확인할 수 있다.

아래와 같이 내용을 확인할 수 있으며, 대부부 셀러샵의 특징이나 주요 교환/반품 정책 등의 내용을 담고 있다.

공지위치 확인– 상품상세페이지

공지위치를 상품상세페이지로 선택한 경우, 썸네일 화면과 상품 상세페이지 중간에 공지사항이 노출된다.

상품페이지에 공지하기 (헤더/풋터)

앞서 설명한 공지 방법은 셀러샵에 대한 홍보이거나 텍스트로 한정되어 있는 경우이다. 헤서/풋터는 공지를 상품등록 하듯이 사진과 텍스트를 자유롭게 사용할 수 있다. 헤더는 아래와 같이 상품 상세 페이지 상단에 노출되는 공지이고, 풋터는 반대로 상품 상세페이지 하단에 노출된다.

상품 조회/수정 화면을 통해 상품을 검색한다.

❶ 공지할 상품을 체크한다.

❷ 리스트 목록의 개수를 늘릴 수 있다.

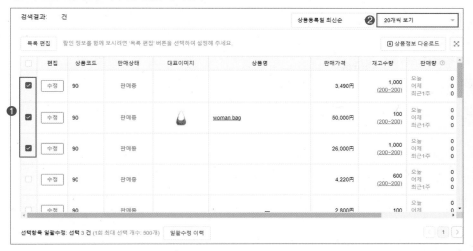

헤더와 푸터 중 하나를 클릭한다.

❶ 기존에 만들어 놓은 템플릿을 불러와서 사용가능하다.

❷ 상품등록 할 때 사용했던 상세페이지 작성과 동일한 방식이다.

❸ "적용하기"를 클릭하면 적용된다. 푸터도 이와 같은 방식으로 설정 가능하다.

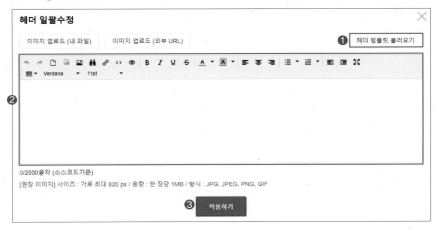

3 _ 상품정보 템플릿 관리

자주 사용하는 내용을 헤더 / 푸터 / 상품상세 등을 미리 작성해 놓을 수 있다. 이렇게 작성된 정보는 쉽게 불러와서 즉시 및 수정 사용이 가능하다.

❶ 상품관리 -〉 ❷ 상품정보 템플릿 관리

❶ 헤더 / 푸터 / 상품상세 중 작성하고자하는 탭을 클릭한다.
❷ 탭을 선택 후 "템플릿 등록"을 클릭한다.

❶ 템플릿 제목을 작성한다. 한글로 작성해도 무방하다.
❷ 상품등록 할 때 사용했던 상품상세페이지 작성과 동일하다.
❸ "등록"을 클릭하면 테플릿 작성이 완료된다.

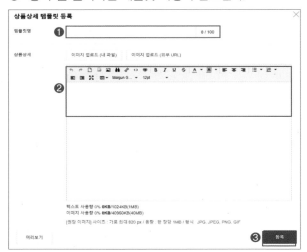

05 _ 상위노출을 위한 상품등록 주의사항

Qoo10은 다른 마켓과 달리 이미지를 자유롭게 사용하고 홍보 문구를 자유 자제로 사용했다. 하지만 2021년 7월을 시점으로 상품등록 클린 캠페인으로 인해 더 이상 사용하지 못하게 되었다. 어떻게 보면 Qoo10의 특색 있는 상품구성이 어려워졌지만 소비자 입장에서는 깨끗한 상품이미지와 설명으로 상품에 대한 혼란을 많이 줄여 줄 수 있다. 아래와 같은 이미지와 상품명은 더 이상 사용하기 어렵다.

1 _ 상품명

Qoo10에서 권장하는 상품명 기준은 모델명, 상품군, 속성 순으로 작성하면 된다.

❶ 상품등록 시 브랜드를 선택해서 등록했다면 상품명에 브랜드 이름을 별도로 작성하지 않아도 된다. 상품명에 추가로 상품명을 작성하면 오히려 상품노출순위가 떨어질 수 있다.

❷ 판매하고자하는 상품의 브랜드가 목록에 없다면 새로 신청하면 된다. "신규브랜드"를 클릭해서 간단하게 신규 브랜드 이름을 신청할 수 있다.

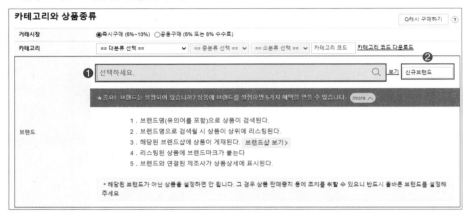

상품명에 가격 또는 배송비에 관한 내용을 입력하면 안된다. 할인내역와 무료 배송은 기본적으로 상품페이지에 노출된다.

♦ 출처 Qoo10 가이드

상품명에 의미가 같은 영문/가타카나를 입력하면 안된다. 고객이 영문으로 검색하더라도 의미가 같은 가타카나가 입력된 상품이 검색결과에 노출된다.

♦ 출처 Qoo10 가이드

1+1, 2+1.무료사은품 등 홍보성 문구를 입력하면 안된다.

♦ 출처 Qoo10 가이드

상품 홍보 문구는 홍보문구란에 별도 작성하면 상품명 아래 부분에 노출된다.

♦ 출처 Qoo10 가이드

2 _ 이미지

여기서 설명하는 이미지 준수 정책은 대표이지미지로 상품페이지에서 맨 처음 나오는 대표이지만 준수하면 된다. 상품등록 페이지 아래 부분에 있는 추가 이미지는 상품설명을 위한 이미지로 채워 넣으면 된다.

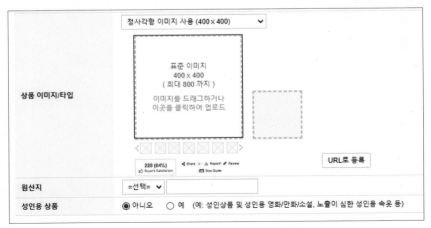

1:1 비율로 흰색 배경 정중앙에 적당한 여백을 두어야 한다. 포토샵에서 확인할 수 있는 흰색 (#FFFFFF) 배경이어야 한다. 물론 상품이미지에 테두리 선도 넣은면 안된다.

♦ 출처 Qoo10 가이드

로고나 텍스트 등을 임의로 넣으면 안된다. 상품에 부착된 로고나 텍스트는 부적합 처리되지 않는다.

♦ 출처 Qoo10 가이드

디자인은 같고 색상만 같은 경우, 대표 색상 1개 이미지만 사용해야 된다. 하지만 세트상품을 판매하는 경우는 이를 허용 한다. 예를 들어 티셔츠와 바지 세트 상품, 화장품 세트상품 등이 있다.

♦ 출처 Qoo10 가이드

3 _ 옵션 추가금 및 개수 제한

옵션 추가금은 판매가격의 50% 이상 입력이 불가하다. 예를 들어 판매가격이 1,000 엔이라면 옵션
가격은 500엔 이상 등록하지 못한다.

◆ 출처 Qoo10 가이드

옵션 추가금은 추후 상품 노출 순위에도 영향을 끼친다.

◆ 출처 Qoo10 가이드

PART 05

주문관리 및
고객 응대 전략

01 _ 주문관리하기

1 _ 주문부터 발송처리까지 한 눈에 살펴보기

판매자에게 주문이 들어오면 이메일과 Q post를 통해 알림이 온다. 이 외에도 판매자는 시간을 정해 두고 매일 QSM에 들어와 신규 주문을 확인해야 한다. 만약 신규주문이 들어 왔는데 이를 확인하여 처리 하지 않으면 주문은 일정시간이 경과하면 자동으로 주문 취소된다. 이러한 경우가 빈번한 경우 판매 권한 자체가 중지 될 수도 있다.

주문관리는 다음과 같은 순서로 진행된다고 보면 된다.
❶ 주문을 확인한다.
❷ 상품을 언제까지 준비해서 발송하겠다는 발송 예정일을 입력한다.
❸ 상품을 발송했다면 상품 송장번호를 입력한다.

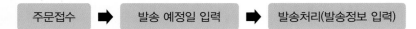

주문확인을 위해서는 ❶ 배송/취소/미수취 -> ❷ 배송관리를 클릭한다.

2 _ 주문확인하기

주문처리를 위해서는 "신규주문"에 나와 있는 숫자를 클릭해서 주문내역을 확인한다.

❶ 주문처리중 : 고객이 주문만하고 입금을 안한 상태이다. 미완료 주문이기 때문에 크게 신경 쓸필요는 없다.

❷ 신규주문 : 입금완료된 주문으로서 상품을 발송해야 하는 주문이다. "숫자"를 클릭하면 주문목록을 확인
할 수 있다.

❸ 배송준비 : 상품 발송 예정일이 설정 된 상태로 상품이 미발송된 상태다.

❹ 배송지연 : 배송예정일에 안에 발송처리 되지 않으면 배송지연으로 표시된다. 배송지연은 셀러의 배송 포
인트 점수 –3점을 부여받게 된다.

❺ 취소요청/취소중 : 고객이 직접 주문을 취소요청한 주문 건이다. 이 주문 건은 취소하여도 셀러포인트에
영향이 없다.

3 _ 배송 예정일 설정하기

전체선택/해제 : "전체선택"을 클릭해서 신규주문 목록들을 선택한다.

신규목록 중 주문번호를 더블클릭하면 다음과 같이 각 주문내역의 상세페이지와 고객정보를 확인할 수 있다.

❶ GO : "GO"를 클릭하면 판매된 주문 상세페이지를 확인할 수 있다.

❷ 배송정보 : 고객의 이름, 전화번호, 주소를 확인할 수 있다.

❶ 발송예정일: 주문확인한날로부터 10일 이내로 날짜를 지정한다.

❷ 발송지연사유 : "Handling Time" 이라고 입력한다. 배송준비 기간이라는 표현이다.

❸ 선택건일괄발송예정일등록 : 예정일등록을 클릭하면 배송예정일 설정이 완료된다.

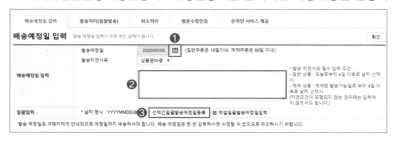

4 _ 발송처리하기

1) Qxpress를 이용하는 경우

❶ 배송준비 : 배송예정일이 설정된 배송준비에 나와 있는 숫자를 클릭한다.

❷ 발송예정일 : "발송예정일" 텍스트를 클릭하면 오름차순이나 내림차순을 주문목록이 정렬된다. 발송해야 될 주문 건들을 선택한다.

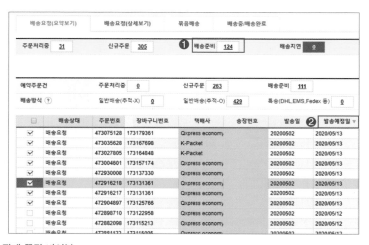

"바코드 라벨출력"을 클릭하면 Qxpress를 이용하기 위한 바코드라벨을 출력할 수 있다.

❶ 페이지설정: 인터넷 브라우저별로 인터넷 인쇄페이지를 안내와 같이 설정해야 한다. 일반프린터에 A4 8 칸 라벨지를 넣으면 아래의 바코드가 정확히 8칸 라벨지에 인쇄된다. 8칸 라벤지는 한국 오픈마켓에서 쉽 게 구매 가능하다.

❷ 상품바코드라벨 확인: 바코드별 상품 수량 및 상품 내역을 확인한다.

❸ Print : "Print"를 클릭해서 Qxpress 바코드를 출력한다. 출력은 A4용지로 출력하여 바코드 부분을 오린 후 상품에 붙여주어도 되고, 인터넷에서 판매하고 있는 8칸짜리 A4 라벨지를 이용해 출력 가능하다.

※ 신규주문확인에서 발송예정일 설 정 전에 바로 큐익스프레스 바코드를 출력하면 기존 주문과 혼동되지 않아 편리하다.

5 _ 주문상품 Qxpress 창고로 보내기

출력한 바코드를 포장한 상품에 부착 후 큐익프레스 물류센터에 보내면 된다. 큐익스프레스에서 상품이 확인되면 QSM에서는 자동 발송처리된다. 물류센터에 입고된 상품은 2일 안에 상품 추적번호도 자동으로 업데이트 된다. 그래서 판매자는 상품만 Qxpress에 보내면 별도 발송처리나 송장 번호등록이 필요 없다. 자세한 사항은 포장방법에서 설명하겠다.

6 _ 우체국 및 기타 배송사를 이용하는 경우

1) 신규주문 엑셀로 다운 받기

신규주문을 엑셀로 다운받고자 할 때는 "배송요청(상세보기)" 탭을 선택 후 배송준비 숫자를 클릭한다.

주문목록 중 발송처리해야 할 상품을 선택 후, "선택주문 엑셀다운"을 클릭하면 주문내역을 다운 받는다. 다운 받은 엑셀자료를 이용해 해당 배송회사 양식에 맞게 입력한다.

	배송상태	주문번호	장바구니번호	택배사	송장번호	발송일	발송예정일
✔	배송요청	473075128	173179361	Qxpress economy		20200502	2020/05/13
✔	배송요청	473035628	173167698	K-Packet		20200502	2020/05/13
✔	배송요청	473027805	173164848	K-Packet		20200502	2020/05/13
✔	배송요청	473004601	173157174	Qxpress economy		20200502	2020/05/13
✔	배송요청	472930008	173137330	Qxpress economy		20200502	2020/05/13
✔	배송요청	472916218	173131361	Qxpress economy		20200502	2020/05/13
✔	배송요청	472916217	173131361	Qxpress economy		20200502	2020/05/13
✔	배송요청	472904897	173125766	Qxpress economy		20200502	2020/05/13
☐	배송요청	472898710	173122958	Qxpress economy		20200502	2020/05/12
☐	배송요청	472882098	173115213	Qxpress economy		20200502	2020/05/12
☐	배송요청	472881122	173115005	Qxpress economy		20200502	2020/05/12
☐	배송요청	472866404	173109632	Qxpress economy		20200502	2020/05/12
☐	배송요청	472857949	173107446	Qxpress economy		20200502	2020/05/12
☐	배송요청	472840445	173101092	Qxpress economy		20200502	2020/05/12
☐	배송요청	472839296	173100431	Qxpress economy		20200502	2020/05/12
☐	배송요청	472839227	173100383	Qxpress economy		20200502	2020/05/12
☐	배송요청	472821765	173087787	Qxpress economy		20200502	2020/05/12

조회/처리	전체선택	☒ 전체주문 엑셀다운	☒ 선택주문 엑셀다운	배송방식변경	배송비조회
출력	주소 출력	납품서출력	발주서출력	바코드 라벨출력	

다운 받은 자료는 우체국 K-Packet이나, EMS 엑셀 양식에서도 사용 가능하다. 하지만 우체국 양식에 맞게 별도 입력 작업을 해야 한다.

7 _ 주문 1개씩 발송 처리하는 방법

주문목록 중 발송처리 하고자 하는 주문번호를 더블클릭한다.

	배송상태	주문번호	장바구니번호	택배사	송장번호	발송일	주문
☐	배송요청	470192884	172188325	Qxpress economy		20200502	2020/04/16
☐	배송요청	470392313	172253192	Qxpress economy		20200502	2020/04/17
☐	배송요청	470392314	172253192	Qxpress economy		20200502	2020/04/17
☐	배송요청	470395917	172253997	Qxpress economy		20200502	2020/04/17
☐	배송요청	470395918	172253997	Qxpress economy		20200502	2020/04/17
☐	배송요청	470490362	172288979	Qxpress economy		20200502	2020/04/18

다음과 같이 주문내역을 확인할 수 있다. 발송처리할 상품과 고객이 맞는지 확인한다.

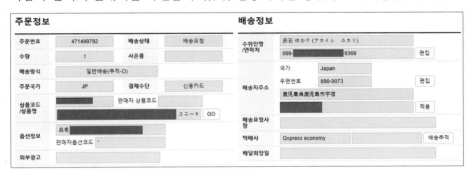

❶ KR 출하 배송사: 발송할 배송사를 선택한다.

❷ 송장번호 : 상품 송장번호를 입력한다.

❸ 발송확인: "발송확인"을 클릭하면 해당 주문 건은 발송처리된다.

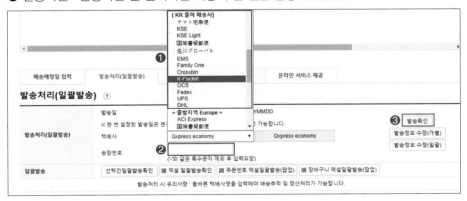

발송처리 한 상품 "발송중/배송완료" 탭에서 배송조회가 가능하다.

| 배송요청(요약보기) | 배송요청(상세보기) | 묶음배송 | 배송중/배송완료 | |

기간선택	주문일 ▼	2020/05/02 📅	00 ▼	~	2020/05/09 📅	23 ▼	주문
배송상태	배송중 ▼	Select ▼					상세

☐	배송상태	주문번호	장바구니번호	택배사	송장번호	발송일	주문일
☐	배송중	473729815	173399820		118954	20200504	2020/05/02 00:14:35
☐	배송중	473729843	173399841		098223	20200504	2020/05/02 00:14:53
☐	배송중	473731384	173400329		140190	20200504	2020/05/02 00:22:22
☐	배송중	473731627	173400460		096985	20200504	2020/05/02 00:24:29
☐	배송중	473736795	173402968		140142	20200504	2020/05/02 01:10:17
☐	배송중	473737885	173403489		097851	20200504	2020/05/02 01:21:43
☐	배송중	473746420	173406359		096963	20200504	2020/05/02 02:55:07
☐	배송중	473755605	173407318		097302	20200504	2020/05/02 03:53:16
☐	배송중	473762784	173408238		098256	20200504	2020/05/02 05:10:18

8 _ 배송지연 페널티

판매상품 미발송 및 지연 발송에 따라 Qoo10에서는 판매자에게 페널티를 부과하고 있다. 페널티를 받은 판매자의 상품은 광고 및 판매 제한을 받을 수 있다.

페널티 조건은 일반상품과 예약상품 2가지가 있다. 발송 가능일이 3일 이내로 설정 된 상품은 일반상품 페널티에 속하게 되고, 4일 이상의 예약 상품은 모두 예약 상품 페널티에 속하게 된다.

일반상품 페널티

(1) 페널티 3단계 진행

- 1단계(주의) : 예약일 당일 미발송건이 있을 경우 당일에 발송독력 안내 메일 발송.
- 2단계(경고) : 예약일로부터 2일이내 미발송 시 익일(3일 째) 발송지연 포인트 −2점 부과.
- 3단계(제한) : 예약일로부터 3일이내 미발송 시 & 예약일 기준 발송율이 95% 이하인 경우 익일(4일 째) 해당상품 30일 동안 판매 및 프로모션 제한.

일반 상품	날짜	(월)	(화)	(수)	(목)	(금)	(토)	(일)	(월)	(화)
		입금일	+1Day	+2Day	+3Day	+4Day	休日	休日	+5Day	+6Day
	Penalty Lv.			주의					경고	제한
	Penalty 내용				메일발송				배송지연 포인트 −2점	• 해당상품 판매 제한 • 해당상품 프로모션 제한

(2) 일반상품 조건

- 당일발송, 일반발송 3일이내로 설정된 상품.
- 토, 일 공휴일에 입금된 주문은 가장 가까운 영업일 입금 건으로 간주.

(3) 해제조건

- 3단계 적용으로 페널티 적용 받은 시점으로부터 31일 째에 자동으로 해제.
- 제한 후에도 발송 지연이 발송하는 경우 다시 제한 받을 수 있다.

예약상품 페널티

(1) 페널티 3단계 진행

- 1단계(주의) : 예약일 당일 미발송건이 있을 경우 당일에 발송독력 안내 메일 발송.
- 2단계(경고) : 예약일로부터 2일이내 미발송 시 익일(3일째) 발송지연 포인트 −2점 부과.
- 3단계(제한) : 예약일로부터 3일이내 미발송 시 & 예약일 기준 발송율이 95% 이하인 경우 익일(4일째) 해당상품 30일 동안 판매 및 프로모션 제한.

예약 상품	날짜	(월)	(화)	(수)	(목)	(금)	(토)	(일)	(월)	(화)
		입금일	+1Day	+2Day	+3Day	+4Day	+5Day	+6Day	+7Day	+8Day
	Penalty Lv.	주의			주의	제한				
	Penalty 내용	메일발송			배송지연 포인트−2점	• 해당상품 판매 제한 • 해당상품 프로모션 제한				

(2) 예약상품 조건

- 예약발송, 일반발송에서 4~14일이내로 설정된 상품.
- 토, 일 공휴일에 관계없이 설정한 발송가능일 초과한 경우 즉시 페널티 적용.

(3) 해제조건

- 3단계 적용으로 페널티 적용 받은 시점으로부터 31일 째에 자동으로 해제
- 제한 후에도 발송 지연이 발송하는 경우 다시 제한 받을 수 있다.

페널티 적용 확인

페널티 받은 상품을 확인할 수 있다.

❶ 상품관리 –〉 ❷ 배송지연/취소 Penalty

❶ Appy Date : 페널티를 적용 받은 날짜
❷ Order Count : 페널티 받은 주문 수

02 _ 해외 배송을 위한 포장방법

신규주문 확인 후 발송예정일 설정 한 다음에는 상품 포장을 해야 한다. 해외 배송은 국내 택배와 많이 다르다. 포장을 잘 못한 경우, 판매자의 수익이 줄어들 수 있다.

해외택배 상품포장 주의사항

- 상품의 무게와 부피는 곧 배송비용이다.
- 상품 무게와 부피 무게 중 가장 큰 값으로 배송비가 청구된다.
- 국내 택배 보다는 상품이 파손될 확률이 높다.
- 종이상자와 비닐봉투로 포장해도 된다. 상품이 파손 되지 않을 정도면 된다.

1 _ 상품 내부 및 외부 포장

상품이 배송 중 박스 내부에서 움직이게 되면 상품이 파손될 우려가 높다.
상품이 내부에서 파손될 우려가 높은 경우, 내품과 박스 사이에 빈 공간을 채우는 것도 요령이다.

포장재 **예** 포장용 에어캡, 발포완충제 등

♦ 출처 – Qxpress 안내문

상품 외부 포장은 종이박스나 택배봉투를 사용한다. 포장자재는 국내 온라인 마켓에서 쉽게 구매할 수 있다.

2 _ 주문상품 택배포장

주문관리에서 프린트한 Qxpress 라벨을 포장을 완료한 상품 위에 깨끗하게 붙여주면 된다.

♦ 출처 – Qxpress 안내문

다음과 같이 바코드 부분에 주름이 있으면 Qxpress에서 배송제외 될 수 있다.

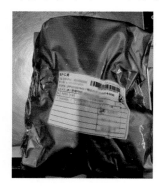

라벨을 붙인 상품을 다음과 같이 큰 박에서 담아 상품을 택배로 Qxpress 물류센터로 보내면 된다.

- 주소 : 경기도 김포시 고촌읍 아라육로230번길16, 씨비알이지아이 김포물류센터 1층
- 연락처 : 02) 2620-1100

♦ 출처 – Qxpress 안내문

3 _ Qxpress 물류센터 입고처리

Qxpress에 도착한 상품은 스캐너를 통과하면서 입고 확인이 된다. 입고 확인된 주문상품은 QSM에서 자동 발송처리된다.

♦ 출처 – Qxpress 안내문

Qxpress에서는 자동 스캐너로 입고처리 되기 때문에 다음과 같이 바코드라벨의 인쇄상태 및 부착이 적절하지 않은 경우 배송이 지연되거나 심하면 셀러에게 상품이 반송될 수 있다.

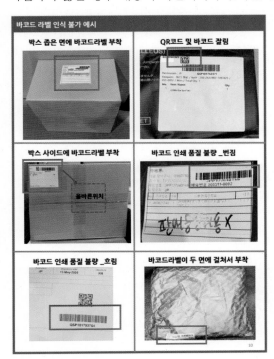

♦ 출처 – Qxpress 안내문

상품포장이 다음과 같이 도출되는 경우 부피 무게값이 적용되어서 생각보다 배송비용이 더 청구될 수 있다.

레이저를 통해 가로, 세로, 높이 각 세변의 가장 긴 변이 측정됩니다.

박스가 찌그러진 경우 찌그러진 부분이 측정이 되어 기존 부피무게보다 많이 책정될 수 있습니다.

박스를 폴리백으로 이중 포장 시에는 돌출되는 부분을 옆면에 부착해 주시기 바랍니다.

쿠션, 인형, 이불 등은 진공포장하여 부피를 줄여 주시기 바랍니다.

✦ 출처 – Qxpress 안내문

4 _ Qxpress 부피 무게 측정과 사이즈 제한

앞 Part에서 설명했듯이 해외 배송은 부피 무게를 측정한다. 지나치게 부피가 큰 상품은 정확한 배송비를 산정해야 판매자는 손해를 피할 수 있다. 그렇다고 모든 사이즈가 허용되는 것이 아니라 최대길이와 둘레의 길이 제한이 있으니 이를 꼭 확인하길 바란다.

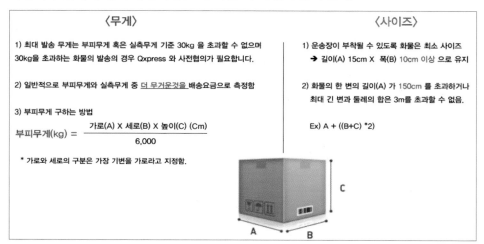

〈무게〉

1) 최대 발송 무게는 부피무게 혹은 실측무게 기준 30kg 을 초과할 수 없으며 30kg을 초과하는 화물의 발송의 경우 Qxpress 와 사전협의가 필요합니다.

2) 일반적으로 부피무게와 실측무게 중 더 무거운것을 배송요금으로 측정함

3) 부피무게 구하는 방법

$$부피무게(kg) = \frac{가로(A) \times 세로(B) \times 높이(C) (Cm)}{6,000}$$

* 가로와 세로의 구분은 가장 기변을 가로라고 지정함.

〈사이즈〉

1) 운송장이 부착될 수 있도록 화물은 최소 사이즈
➔ 길이(A) 15cm X 폭(B) 10cm 이상 으로 유지

2) 화물의 한 변의 길이(A) 가 150cm 를 초과하거나 최대 긴 변과 둘레의 합은 3m를 초과할 수 없음.

Ex) A + ((B+C) *2)

✦ 출처 – Qxpress 안내문

Qxpress를 통해 우체국 K-Packet 서비스로 배송할 수 있다.

K-Packet의 접수 가능한 규격

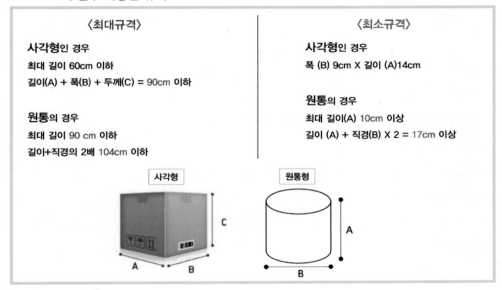

〈최대규격〉

사각형인 경우

최대 길이 60cm 이하

길이(A) + 폭(B) + 두께(C) = 90cm 이하

원통의 경우

최대 길이 90 cm 이하

길이+직경의 2배 104cm 이하

〈최소규격〉

사각형인 경우

폭 (B) 9cm X 길이 (A)14cm

원통의 경우

최대 길이(A) 10cm 이상

길이 (A) + 직경(B) X 2 = 17cm 이상

사각형

원통형

C

A

A

B

B

◆ 출처 − Qxpress 안내문

03 _ 고객 응대하기

해외 온라인 판매에 있어 가장 중요한 것이 고객문의에 대한 답변이다. 고객을 불안하게 하면 안 된다. 예를 들어 본인이 한국에 있는 쇼핑몰에서 한국 셀러가 아닌 중국 셀러의 상품을 구매했다고 생각해보자. 고객이 배송문의를 했지만 중국 셀러의 답변은 계속 없다. 이런 상황에서 한국 고객은 상품이 제대로 배송될 것인지에 대해 굉장히 불안해 할 것이다. 그래서 해외 고객의 문의에 대한 빠른 답변과 상세한 설명은 고객에게 신뢰를 주고 상품의 재구매를 유도할 수 있다. 고객의 입장에서 해외구매는 불안함의 연속이다. 신속한 답변으로 고객의 불안감을 줄여 줄어야 한다.

1 _ 번역기

일본어를 모른다면 번역기를 이용하자. 오늘날의 번역기는 외국인과 메시지를 주고받는데 전혀 문제가 없다. 구글 번역기와 네이버 파파고 번역기 중 편한 번역기를 이용한다.

❶ 구글 번역기

❷ 네이버 파파고 번역기

2 _ 주문한 고객에게 메시지 보내기

❶ 배송/취소/미수취 -〉 ❷ 배송관리 -〉 ❸ 신규주문 or 배송준비 숫자를 클릭한다. -〉 ❹ 메시지를 보낼 주문 건을 체크후 화면 아래로 이동한다.

화면 중간 부분에서 "고객에게 쪽지 보내기"를 클릭한다.

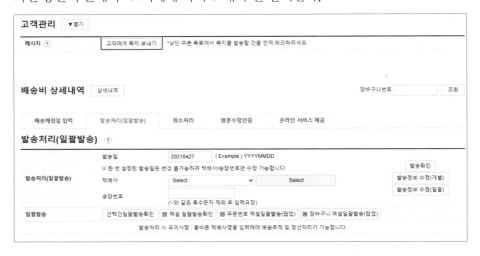

❶ 자주쓰는 답변을 등록해 놓은 경우, 해당 제목을 클릭한다.

❷ 메시지 제목을 입력한다.

❸ 번역하기를 클릭한다.

❹ 고객에게 전달할 내용을 한글로 입력하고 Korean-> Japanese로 변경 후 "번역하기"를 클릭하면 일본어로 번역된다.

❺ 사진같은 파일이 있는 경우 첨부 가능하다. "이메일"부분을 체크하면 큐텐 메시지 외에 큐텐에 가입한 이메일에도 같은 내용이 전달된다.

❻ 보내기 버튼을 클릭하면 메시지가 전송된다.

3 _ 고객문의에 답변하기

1) QSM에서 답변하기

❶ 문의/기타 –〉 ❷ 문의관리/기타 –〉 ❸ 숫자를 클릭 –〉 ❹ 답변하고자하는 문의 목록을 클릭한다.

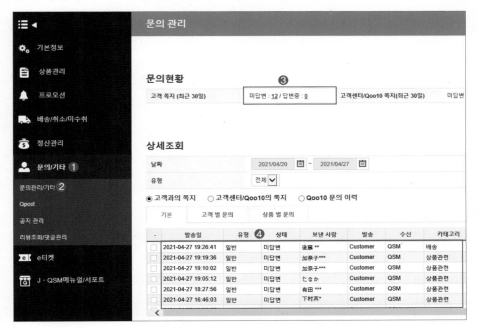

해당 목록에 대한 문의 내역을 확인할 수 있다.

❶ "JAPANESE –〉 KOREAN"로 변경 후 번역하기를 클릭한다.

❷ 문의내용 확인 후 답변란에 한글로 답변을 한다. "번역하기"를 클릭하면 일본어로 번역된 내용이 우측 답 변란에 나타나게 된다.

❸ "자동답변"은 이미 다른 문의건으로 답변했거나, 문의문제가 해결된 경우 사용한다. 자동답변은 시스템 상 고객문의 내용에 대해 답변한 것으로 처리된다.

❹ 반복적인 고객문의는 미리 답변약식을 만들어 놓으면 편하다.

❺ 문의에 대한 답변내용을 작성한다.

❻ 답변완료를 선택한다.

❼ 보내기를 클릭하여 고객문의 답변을 완료한다.

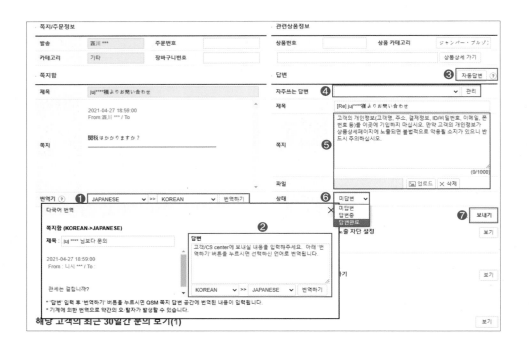

❶ 고객에게 답변할 문의유형을 선택 -> ❷ 숫자를 입력하면 목록의 순서를 정할 수 있다. -> 제목과 자주쓰는 답변을 입력하고 등록 버튼 클릭

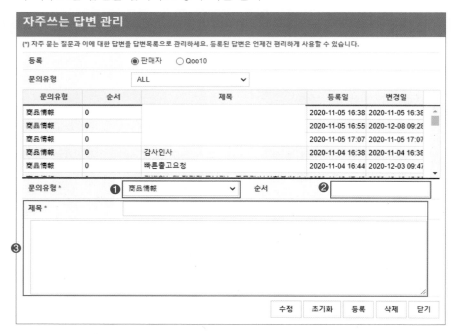

4 _ Qpost로 고객문의 답변하기

간혹 Qpost가 설치가 안 되는 경우가 있다. 이런 경우 QSM에서 답변처리한다.

❶ 문의/기타 –〉 ❷ Qpost –〉 ❸ Qpost 프로그램을 다운 받는다.

❶ 그 외 국가 선택 –〉 ❷ ID와 비밀번호 입력 –〉 ❸ 로그인 정보 저장과 Windows 시작 시 Qpost
실행을 체크하면 컴퓨터 부팅시 바로 Qpost화면이 실행된다. –〉 ❹ 로그인 클릭한다.

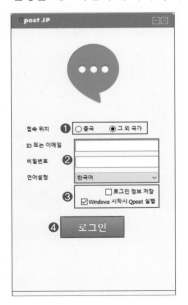

❶ 문의 & 메시지 –〉 고객문의

주문	:	215	Go	(주문을 확인하고 상품을 준비해주세요)
배송	:	8	Go	(발송예정일이 지났습니다. 빠른 시일 내에 상품을 발송해주세요)
클레임	:	62	Go	(취소/반품/미수취 관련 클레임 건을 확인해주세요)
문의	:	9	Go	(고객 문의에 답변을 달아주세요)

공지사항

종류	제목
일반	2021년 6월 [메가할인 프로모션] 참가 안내
일반	JQSM 앱(어플) 서비스 종료 안내 **NEW**
일반	2021년 중국 노동절기간 CN발 JP향 주요 배송사 휴무... **NEW**
일반	옵션 정책 변경-옵션 추가금 설정 제한 **NEW**
일반	2021년 일본 골든위크 기간 정산금 자동출금 일정...
일반	일본 내 [총액 표시] 의무화에 대한 대응 요청

(My extension : 00 / Home / 문의 & 메시지 1 — 12 / - 고객 문의 2 — 9 / - Qoo10으로 보낸 문의 / - 고객에게 보낸 메시지 — 3 / - 구 Qoo10으로 보낸 문의)

❶ 문의 목록 하나를 클릭한다.
❷ 번역 버튼 클릭하면 팝업 창이 뜬다.
❸ 문의내용이 번역되어서 보인다. 답변란에 한글로 내용을 입력한다.
❹ KOREAN–〉 JAPANESE 로 설정 후 "번역하기"를 클릭하면 답변란에 일본어로 입력된다.
❺ "답변완료"를 선택한다.
❻ "발송" 버튼을 클릭하면 답변이 완료된다.

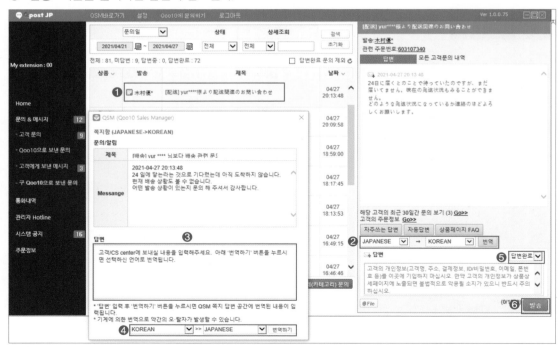

5 _ Qpost 주요 기능 살펴보기

❶ QSM 바로가기 – 로그인 절차없이 바로 QSM 창을 볼 수 있다. / 설정 – QSM을 편리하게 쓰기 위한 설정 화면이다.

❷ Qoo10에 문의하기 – 큐텐 판매자 고객 센터라고 할 수 있다. 판매에 문제가 있을 때 이곳을 이용해 문의한다.

❸ Qoo10 고객센터에서 긴급하거나 중요한 고객문의 건을 판매자에게 빠르게 처리해줄 것을 요구할 때 연락이 온다.

❹ Qoo10 시스템에서 자동으로 판매함에 알아야 할 것이 있으면 자동으로 알려주는 메시지이다.

❺ 자주쓰는 답변 – 자주 묻는 답변에 대해 미리 답변 양식을 만들어서 사용 가능하다.

- 자동 답변 : 전화나 별도의 이메일로 답변이 완료된 경우, 답변 작성이 없이 답변을 완료 처리할 수 있다.
- 상품페이지 FAQ : 상품페이지에 대해 고객이 반복적이 질문에 대해, 해당 질문을 상품페이지 하단에 FAQ 페이지에 답변을 고정시킬 수 있다.

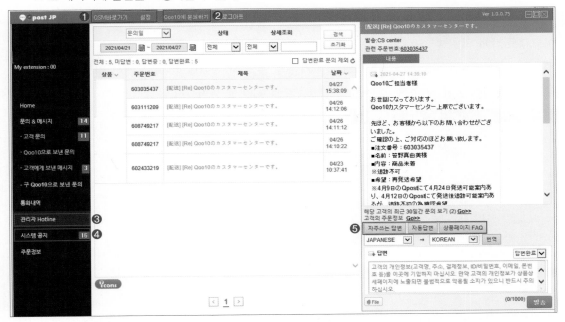

04 _ 주문취소 및 환불처리

1 _ 주문취소

큐텐 재팬에서 주문취소를 하는 경우 신중할 필요가 있다. 고객요청이 아닌 셀러가 직접 주문취소를 하는 경우 셀러 포인트에서 손해를 볼 수 있다. 제일 좋은 것은 상품의 품절이 발생하지 않게 재고관리를 하는 것이다.

1) 고객요청에 의한 취소

고객요청에 의한 취소는 셀러에게 영향이 없기 때문에 즉시 처리한다. QSM에서 처음 접속했을 때 팝업이 뜨는 "해야 할 일 목록" 중에서 "취소중" 옆에 "GO"를 클릭한다.

배송관리에서도 고객의 주문취소 요청을 확인 할 수 있다. "배송/취소/미수취" –> "배송관리"를 클릭한다. 화면 우측편에 나와 있는 ❶ "취소요청"의 숫자를 클릭한다. 주문목록 중 ❷ "주문번호" 1개를 더블클릭한다.

배송요청(요약보기)	배송요청(상세보기)	묶음배송	배송중/배송완료

주문처리중	50	신규주문	127	배송준비	256	배송지연	0	취소요청/취소중(최근2주)	2 ❶

🔁 새로고침 닫기

예약주문건	주문처리중	0	신규주문	106	배송준비	217	배송지연	0
배송방식 ?	일반배송(추적-X)	0	일반배송(추적-O)	383	특송(DHL,EMS,Fedex 등)	0	발송예정일 조과건 ▼	조회

☐	배송상태	주문번호	장바구니번호	택배사	송장번호	발송일	발송예정일	상품명	수량	옵션
☐	취소신청	472300449	172909256	Qxpress economy		20200505	2020/05/11	[		
☐	취소신청	474061424	173498008	Qxpress economy		20200505	2020/05/18	[		

주문번호 더블 클릭 후 화면 중간 부분을 내려오면 다음과 같이 주문정보와 배송정보를 확인 할 수 있다. 배송상태가 "취소신청"인지 확인한다.

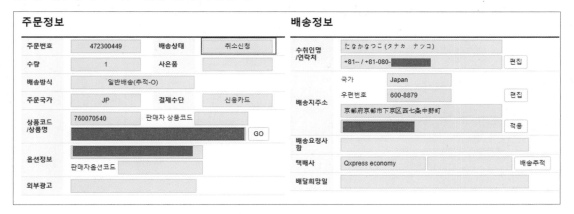

❶ 판매자메모 : 고객도 확인할 수 있는 부분이기 때문에 간단하게 사유를 일본어로 작성한다.
❷ 확인 : "확인" 버튼을 클릭하면 취소처리가 완료된다.

2) 셀러가 직접 주문취소 (제품품절, 품질문제, 배송불가, 기타 등등)

"배송/취소/미수취" –〉 "배송관리"를 클릭하면 다음과 같은 화면을 볼 수 있다.

❶ "배송중/배송완료" 탭을 클릭한다.
❷ 배송주문취소하고자 하는 "주문번호"를 입력한 후 "조회" 버튼을 클릭한다.
❸ 주문목록을 확인 후 "주문번호"를 클릭한다.

주문정보와 배송정보가 취소할 주문내역과 일치하는지 다시 확인한다. 실수로 정상 주문을 취소할 경우도 발생할 수 있기 때문이다.

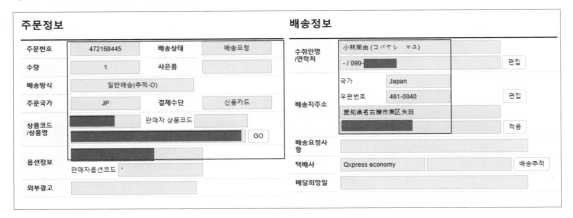

❶ 품절, 배송지연, 구매의사 취소, 선택/옵션정보변경, 배송불가지역 등 중 1개를 선택한다.

❷ 주문 건만 취소처리 : 주문만 취소된다.

　해당 주문 건 취소 & 해당 옵션 품절처리 : 주문취소와 함께 상품페이지에 노출되는 옵션도 함께 품절처리된다.

　해당 주문 건 취소 & 해당 상품 품절처리 : 주문취소와 함께 상품페이지 전체가 품절처리된다.

❸ 판매자 메모 : 주문취소 사유를 간단하게 일본어로 작성한다.

❹ "확인" 버튼을 누르면 주문취소가 완료된다.

2 _ 환불처리

1) 환불처리 요청

환불처리와 취소처리의 큰 차이는 큐텐에서의 발송처리 여부이다. 주문이 발송처리된 경우에는 환불처리만 가능하다. 또한 상품 반품 및 미도착으로 인해 환불처리가 된 경우가 많다. 그래서 상품이 "배송중"이거나 "배송완료"된 주문 건만 환불처리가 가능하다.

환불처리는 주문취소 절차와 동일하다. 하지만 하단부분에서만 약간 차이가 있다.

❶ "취소처리" 탭을 선택한다.

❷ 반품/환불처리 : 배송 중인 주문은 "반품/환불처리" 탭을 선택해야 환불처리가 가능하다.

❸ 판매자 메모 : 주문취소 사유를 간단하게 일본어로 작성한다.

❹ "확인" 버튼을 누르면 주문취소가 완료된다.

2) 부분환불처리 요청

하나의 주문내역에서 수량이나 일부 판매금액에서 일부분을 고객에게 환불처리하는 개념이다. 제품에 문제가 있을 경우, 고객과의 협상으로 주문금액 일부분을 보상해 줄 수 있다.

"배송/취소/미수취" -〉 "취소/반품/미수취"를 클릭한다.

❶ "상세조회" 탭을 클릭한다.

❷ 상세조회 : 부분환불처리하고자 하는 주문번호를 입력한다.

❸ "조회" 버튼을 클릭한다.

❹ 선택을 체크한다.

거래정보에서 다시 부분환불 처리할 상품과 고객정보를 확인한다.

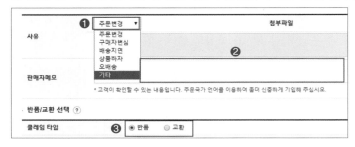

거래정보						
주문일	2020/04/28	주문번호	472831843	상품코드		
상품명		Go	수량	1		
옵션정보			주문국가	JP		
	판매자옵션코드 :		합계(JPY) / 결제수단	1990	신용카드	
구매자명	富永まりい	수취인명	富永まりい	수취인 연락처	+81-078-	
상품발송일	2020/04/28	택배사	佐川急便	송장번호	567083069136 배송추적	
배송완료일		배송지주소	'Japan '654-0023			
메시지	고객에게 쪽지 보내기		'兵庫県神戸市			
요청일		완료일		미수취종류		

❶ 사유를 선택한다.

❷ 판매자메모에 일본어를 부분환불처리 사유를 입력한다.

❸ 반품 및 교환 중 선택한다. 일반적인 부분환불처리는 "반품"을 선택한다.

	❶ 주문변경 ▼	첨부파일
사유	주문변경 구매자변심 배송지연 상품하자 오배송 기타	❷
판매자메모		
	* 고객이 확인할 수 있는 내용입니다. 주문국가 언어를 이용하여 좀더 신중하게 기입해 주십시오.	
반품/교환 선택 ⑦		
클레임 타입	❸ ⦿ 반품 ○ 교환	

❶ 부분환불 : 고객에게 환불처리, 반품추가금 청구 : 고객에게 판매금액외에 다른 금액을 더 청구할 때

❷ 수량착오 : 고객이 상품을 다량으로 구매한 경우 / 상품대금 및 배송비반환 : 상품구매 금액 중 일부분 환불처리

❸ 예상환불금액 : 환불처리할 환불금액을 입력한다.

❹ 판매자메모 : 부분환불처리 할 사유를 일본어로 입력한다.

❺ "부분환불 / 반품추가금"을 클릭한다.

❻ 조회 : 부분환불처리가 완료 되었는지 확인 가능하다.

요청 ❻	조회			
신청타입	❶ ⦿부분환불 ○반품 추가금 청구			
주문번호	472831843	유형	상품대금 및 배송비반환 ▼	
예상환불금액	❸		❷ 수량착오 상품대금 및 배송비반환	
판매자메모	❹			
* 취소수량을 입력해주세요.			❺ 부분환불 / 반품추가금	

05 _ 반품 / 교환 처리

셀러가 판매하면서 제일 싫어하는 상황이 반품/교환이다. 하지만 판매가 있는 곳에는 반드시 반품교환은 발생하게 되어 있다. 반품/교환은 배송이나 상품의 문제에서 많이 발생한다. 해외 셀러는 국내 셀러의 비해 반품/교환 비용이 비싼편이다. 그래서 상품의 오배송을 줄이는 것도 수익을 증대에 큰 부분을 차지한다. 주문량이 많고, 상품 수가 많을수록 오배송의 빈도는 늘 수 있다. 상품포장 및 주문처리를 시스템화해서 오배송의 빈도를 줄여나가는 것이 반품 및 교환 건을 줄이는 방법이다.

1 _ 반품처리

반품처리는 배송완료된 상품을 고객의 불만으로 인해 상품을 돌려받아 환불처리 하는 것이다.

❶ 배송/취소/미수취 - ﹥ ❷ 취소/반품/미수취 -﹥ ❸ 반품신청란의 숫자를 클릭한다.

화면 중간에서 해당 목록을 클릭한다.

화면 아래로 이동하면 다음과 같이 주문상품과 고객의 이름과 주소를 확인할 수 있다.

❶ "고객에게 쪽지 보내기"를 클릭해서 반품에 관해 고객에게 추가 문의가 가능하다.

❷ 고객이 상품을 반품할 때 주의사항과 전달상을 입력하면 좋다. 일본어로 입력해야 한다.

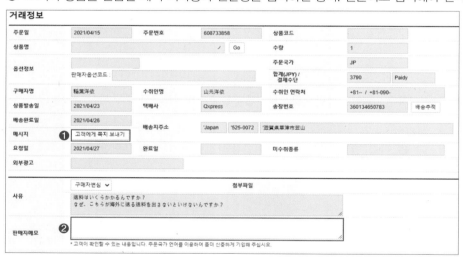

❶ 고객이 반품할 주소를 확인한다. 반품주소지를 변경 할 경우 "검색" 버튼을 클릭해서 주소를 변경한다.

❷ 고객이 반품한 상품의 송장번호를 입력하는 곳이다.

❶ "열기"를 클릭하면 고객에게 부분환불과 추가금을 청구할 수 있다. 해당 사항이 없다면 클릭하지 않아도 된다.

❷ 부분환불(고객에게 일정금액 환불) – 고객에게 부분환불처리가 가능하다. / 반품추가금 청구(고객에게 일정금액을 청구) – 고객의 변심으로 반품이 진행되는 경우 고객에게 반품 추가금을 청구할 수 있다.

❸ 부분환불 금액을 입력한다.

❹ 환불 사유를 선택한다.

❺ "부분환불/반품추가금"을 클릭한다.

❻ 반품요청접수/승인– 반품 진행이 시작된다. / 수거완료/전액환불 – 반품상품을 확인 후 고객에게 최종 환불처리 진행 / 반품건 교환전환 – 반품진행된 건을 교환건으로 전환해서 진행된다.

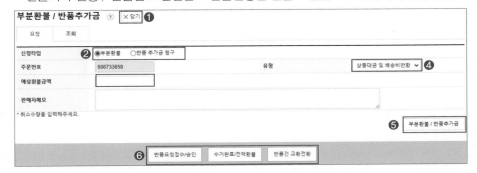

❶ "반품요청접수/승인"을 클릭하면 반품중으로 숫자가 이동한다.

❷ "수거완료/전액환불"을 클릭하면 반품완료로 숫자가 이동한다.

1) 고객의 단순변심 반품비용 미리 설정하기

❶ 상품관리 – 〉 ❷ 배송비 관리 –〉 ❸ 고객에게 청구할 배송비용을 입력한다. ❹ 확인을 클릭한다.

2 _ 교환처리

오배송과 상품의 문제로 고객에게 상품을 재배송 해주는 것을 말한다.

❶ 배송/취소/미수취 -〉 ❷ 취소/반품/미수취 -〉 ❸ 반품신청란의 숫자를 클릭

교환 목록 중 1개를 클릭한다.

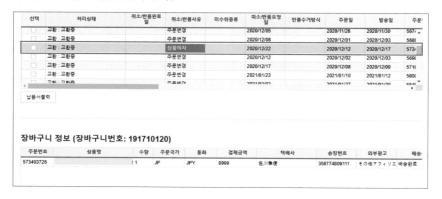

❶ "고객에게 쪽지 보내기"를 클릭해서 반품에 관해 고객에게 추가 문의가 가능하다.

❷ 고객에게 상품을 교환할 때 주의사항과 전달사항을 입력하면 좋다. 일본어로 입력해야 한다.

❸ 첨부파일을 클릭하면 고객이 첨부한 사진을 확인할 수 있다.

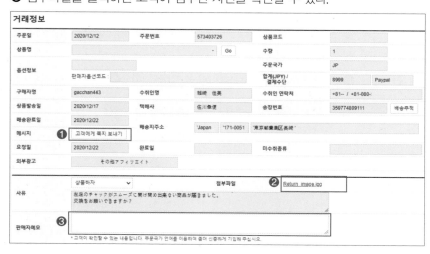

❶ 교환을 위해 고객이 반품할 반품지 주소를 확인한다.

❷ 재배송할 주소와 송장번호를 입력한다.

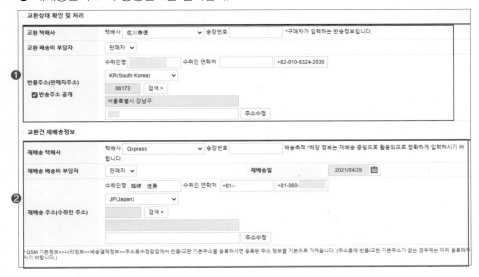

❶ "열기"를 클릭하면 고객에게 부분환불과 추가금을 청구할 수 있다. 해당 사항이 없다면 클릭하지 않아도 된다.

❷ 부분환불(고객에게 일정금액 환불) – 고객에게 부분환불처리가 가능하다. / 반품추가금 청구(고객에게 일정금액을 청구) – 고객의 변심으로 반품이 진행되는 경우 고객에게 반품 추가금을 청구할 수 있다.

❸ 고객에게 청구할 금액을 입력한다.

❹ "청구하기"를 클릭한다.

❺ 교환배송처리– 교환처리진행이 시작된다. / 전액환불 – 교환진행을 하지 않고 전액환불처리로 가능하다. / 반품건 교환전환 – 교환이 아닌 상품 반품으로 처리 진행한다.

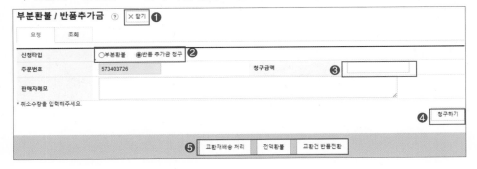

❶ 셀러가 새상품을 발송하면 재배송으로 처리된다.

❷ 교환요청이 왔으나 "교환재배송 처리"를 클릭하지 않으면, 교환지연으로 확인된다.

취소 & 미수취

상태별 조회	상세조회				* 지연 건은 취소/반품/미수취 접수일로부터 4일이 지나도 완료/확인되지 않은 건 입니다
취소	취소요청	6	취소중	1	취소완료	49
반품	반품신청	1	반품중	25	반품완료	50
			- 환불보류	0		
			- 수거완료/환불요청	2		
교환	교환요청/확인	30	재배송중 ❶	2	교환지연 ❷	28
					확인지연	0
미수취신고	신고접수	0	판매자확인	18	환불완료	2
					부분환불완료	0

전체선택 Excel   Q 조회   새로고침

3 _ 교환 / 배송 Q&A

전액환불이나 교환건을 반품건으로 전환할 경우 반드시 고객과 협의 후 진행해야 합니다.

Q 처리 상태가 계속 "재배송중"입니다.

A 구매자에게 연락해 수취확인을 클릭하도록 안내해야 합니다.

Q 처리 상태가 계속 "재배송중"이고, 상품은 배송완료 되었습니다. 고객과 연락이 되지 않습니다.

A 고객에게 철회 기한을 알리고, Qoo10에 문의해서 클레임 철회를 요청합니다.

Q 고객인 반품요청을 하지 않고, 상품을 반품했습니다.

A 고객에게 다시 반품을 요청하라고 안내하거나, 이도 여의치 않은 경우 Qoo10에 문의해서 환불처리가 가능합니다.

06 _ 판매 정산금 출금 및 내역 확인하기

셀러에게 있어 가장 중요한 것이 판매 정산금을 받는 것이다. 해외 마켓은 일반적으로 정산이 늦는 편이다. 여러분이 많이 알고 있는 아마존 같은 경우 주문이 들어온 시점부터 판매 정산금 받기까지 1개월 이상 소요된다. 큐텐도 이와 비슷하지만, 셀러 등급이 높을수록 판매 정산금은 더 빠르게 처리해준다. 그래서 Qoo10 판매자는 1차 목표가 파워 셀러 등급을 받는 것이다. 자금 회전이 늦으면 판매가 아무리 잘 되도 상품 구매할 돈이 없어 판매를 잠시 멈춰야 하는 웃지 못할 상황이 일어날 수 있다. 우선 큐텐의 정산 금액 흐름을 알아보자.

1 _ 정산기준

큐텐의 정산기준은 주문이 배송완료가 되어야 한다.

❶ 주문	고객님이 상품을 구매하고 Qoo10 시스템에서 입금이 확인되면 발주가 발생합니다.
❷ 발송	상품을 발송하고 J-QSM에서 발송처리(송장번호 등 입력)을 진행한다.
❸ 수취	고객이 상품을 수취하고 배송상태가 [배송완료]가 되면 정산 대상이 된다.
❹ 정산	정산 : 배송상태가 [배송완료]로 된 날을 기준으로, 판매자 등급에 따라 정해진 규정의 일수가 경과한 이후의 수요일에 Q통장에 정산금이 입금된다.

2 _ 정산을 위한 배송완료 기준

- 큐텐은 일정기간 정산마감일이 없다. 주문이 시스템에서 배송완료가 되어야 한다.
- 주문은 들어왔지만 발송처리하지 않거나 큐텐 주문내역에서 배송추적을 클릭했을 때 배송완료가 확인되지 않으면 해당 주문은 정산되지 않는다.

- 고객이 주문내역에서 "수취확인" 버튼을 클릭하면 배송완료로 처리된다.
- Qxpress 및 큐텐 재팬 시스템과 연동된 배송사를 이용하면 상품도착과 함께 주문도 자동으로 배송완료 처리된다.

3 _ 정산주기

정산주기는 셀러 등급에 따라 차이가 있다. 파워 셀러를 유지하면 자본 회전에 굉장히 유리하다.

셀러 등급	정산일
일반셀러	배송완료 후 15일 이후 수요일
우수셀러	배송완료 후 10일 이후 수요일
파워셀러	배송완료 후 5일 이후 수요일

자동 출금일	매주 수요일(오후 2시 이후 자동 송금 처리됨)
통장 송금 완료	매주 목요일(오후 2시 정도에 통장에서 확인 가능)

예를 들어 1일에 주문된 상품이 10일에 배송완료가 처리가 되었다면 파워 셀러는 16일, 우수셀러는 23일, 일반셀러는 30일에 판매 정산을 받게 된다.

일/Sunday	월/Monday	화/Tuesday	수/Wednesday	목/Thursday	금/Friday	토/Saturday
30	31	1 주문	2	3 상품발송	4	5
6	7	8	9	10 배송완료	11	12
13	14	15	16 파워셀러	17	18	19
20	21	22	23 우수셀러	24	25	26
27	28	29	30 일반셀러	1	2	3

4 _ 판매 정산 예정 주문 확인하기

❶ 정산관리 –〉 ❷ 판매진행내역 클
릭 후 화면 아래로 이동한다.

❶ 검색조건을 선택한다.
❷ 기간을 설정한다.
❸ 검색을 클릭한다.
❹ 정산예정일이 빈란일 경우 상품이 배송 중인 상태이다.
❺ 해당 내역을 엑셀로 다운받을 수 있다.

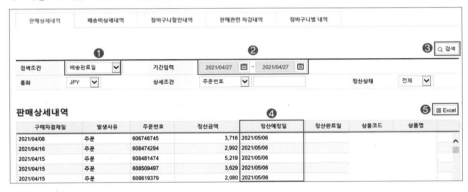

5 _ 기간별 정산완료 내역 확인하기

❶ 정산관리 –〉 ❷ 판매진행내역 –〉 ❸ 정산일을 선택한다.

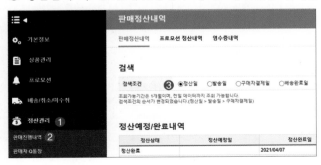

❶ 기간을 설정한다.

❷ 검색을 클릭한다.

❸ 상세사항을 보고 싶은 목록을 클릭한다.

　정산완료일– 셀러에게 송금완료된 금액, 정산예정 – 셀러에게 정산 예정 금액.

❹ 상세조회버튼을 클릭하면 세부상세내역을 확인할 수 있다.

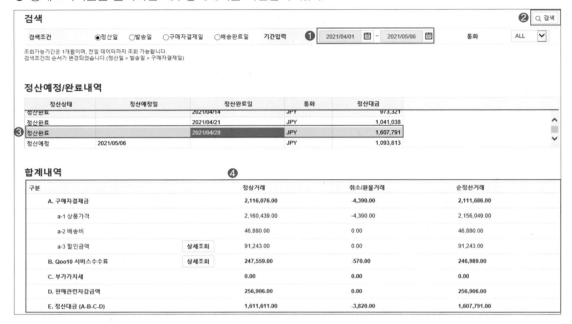

6 _ 출금통장내역 확인하기(판매자 Q통장)

❶ 정산관리 –〉 ❷ 판매자 Q통장

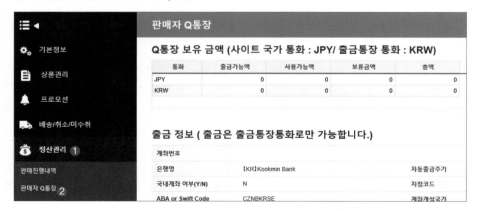

❶ 매주 수요일 정산 받은 금액을 확인할 수 있다.

❷ 자동출금주기에 판매자에게 송금 예정일자를 확인할 수 있다. 자동출금주기와 통장변경은 "Part 2 큐텐 재팬시작하기- Lesson 2 기본 정보세팅"부분을 참고한다.

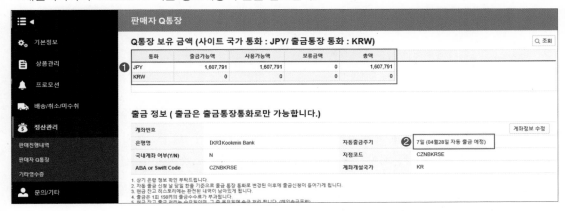

화면 아래를 보면 정산금 송금내역을 확인할 수 있다. 1건 당 송금수수료가 발생함을 알 수 있다.

❶ Q통장 히스토리 탭을 클릭한다.

❷ 송금 당시 적용 받은 환율을 확인할 수 있다. 큐텐 정산금은 원화만 가능하다. 참고로 환율적용은 일반 은행보다 조건이 좋은 편이다.

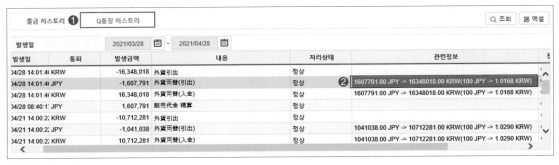

◆ 그림 6-11

07 _ Q-analystics 상품 조회수 확인하기

Q-analystics에서는 현재 등록한 상품페이지의 조회수, 구매실적, 장바구니 실적 등을 확인 할 수 있다. Q-analystics 분석을 통해 광고 집행을 고려해보는 것도 추천한다. 또한 상품페이지뷰는 높으나 판매가 저조한 경우, 상품페이지에 문제가 있는지 확인해보고 상품페이지를 수정하길 바란다.

❶ 프로모션 -〉 ❷ Q-analystics을 클릭한다.

❶ 셀러 샵 페이지의 조회 수를 확인할 수 있다.
❷ 셀러가 작성한 Q스페셜의 페이지뷰를 확인할 수 있다.
❸ 판매자가 등록한 상품전체의 페이지뷰를 확인할 수 있다.
❹ 셀러샵의 상품을 장바구니에 추가한 횟수를 확인할 수 있다.

❶ 메뉴를 통해 바로 보여지는 상품은 현재 시간 판매가 잘되는 상품이 상위에 보여지게 된다. 검색조건을 설정 후 상품 검색이 가능하다.

❷ 위에서부터 순서대로 오늘/어제/어제까지 1주간의 판매 숫자를 확인할 수 있다.

❸ 페이지뷰를 분석하고 상품수정 및 광고 설정을 바로 진행할 수 있다.

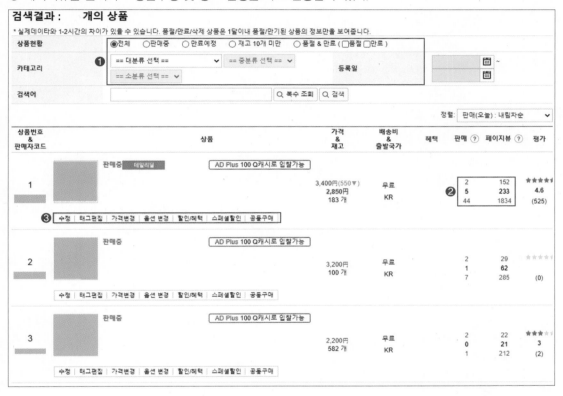

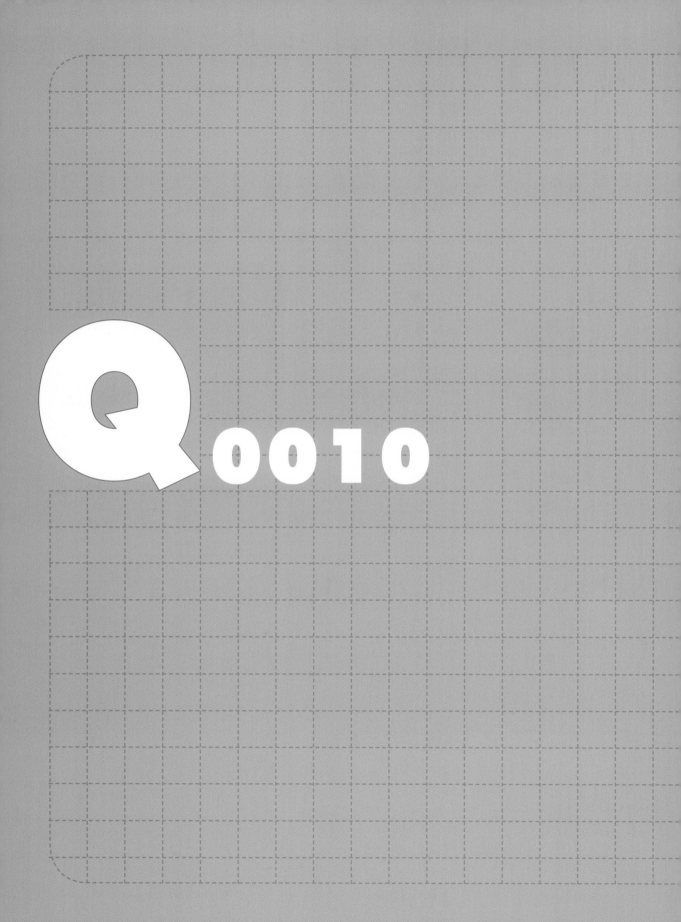

PART 06

큐텐 광고 및
마케팅 전략

01 _ 큐텐 재팬 광고 전략 세우기

모든 오픈 마켓이 그렇듯이 광고는 필수다. 고객이 원하는 상품을 귀신같이 찾아서 등록한다면 굳이 광고를 할 필요는 없을 것이다. 하지만 우리는 일본인 고객에게 제품을 판매해야 한다.

큐텐 광고는 아직까지는 저렴한 편이다. 마켓은 계속 성장하고 있기 때문에 광고비는 계속 저렴할 수는 없을 것이다. 큐텐 광고는 3,000~50,000원까지 그 이상이 될 수도 있지만 이 정도의 범위라면 생각보다 광고 효과를 볼 수 있다. 그렇다면 큐텐 광고를 진행하기 위해 준비해보자.

1 _ 광고비 결제를 위해 Q캐시를 충전하자

큐텐에서 광고를 진행하려면 Q캐시가 있어야 한다. 100 Q캐시=100엔이며 원화로 약 1100원 정도라고 생각한다. Q캐시 추전 방법은 다음과 같다.

❶ 프로모션 –〉 ❷ 파워랭크업 클릭해서 이동한다. 프로모션 메뉴에서 어떠한 메뉴를 선택해도 Q캐시는 구매 가능하다.

화면 아래 부분을 보면 "Q 캐시 구매" 버튼을 클릭한다. 이 화면은 상품 편집화면 아래에서도 볼 수 있다.

다음과 같은 팝업 창이 뜬다. 초보자인 경우 큐캐시를 카드로 결제해야 하는 경우가 있다. 해외결제이기 때문에 수수료를 절약하기 위해서라도 10,000엔 이상 충전하는 것을 추천한다.

10,000 Q캐시를 선택 후 "구매하기" 버튼을 클릭한다.

❶ 초보 판매자는 해외결제가 가능한 신용카드로 Q캐시 구매가 가능하다. 신용카드 아래 부분에 VISA나 MasterCard 표시가 있으면 결제가능하다.

❷ 큐텐으로부터 판매 정산예정금액이 있는 경우, 해당 금액으로 결제 가능하다. 어느 정도 판매가 이루어진 다음에는 신용카드보다 판매 정산금으로 Q캐시를 충전하는 것이 좋다. 신용카드는 결제 수수료가 발생하기 때문이다.

❸ "주문하기" 버튼을 클릭한다.

Q캐시를 카드로 결제해서 충전하는 경우

❶ 카드번호를 입력한다.

❷ 신용카드에 나와 있는 이름을 입력한다. 띄어쓰기도 똑같이 작성한다.

❸ 카드 유효기간을 월 / 년도 순으로 입력한다.

❹ 할부개월 수를 설정할 수 있다.

❺ 카드 뒷면 CVV 맨 끝 3자리 숫자를 입력한다.

❻ "결제" 버튼을 클릭하면 결제가 완료된다. 결제가 제대로 안된 경우는 이름 스펠링이나 카드 번호 등이 제대로 입력되었는지 확인해보자. 맨 처음 화면으로 돌아가면 충전된 Q캐시 금액을 확인할 수 있다.

2 _ 광고비 예산 책정하기

광고비는 예산을 정해놓고 사용하는 것이 좋다. 마구잡이식의 광고비 지출은 수익률을 악화시킬 뿐이다. 광고비 예산을 일주일 단위나 월 단위로 책정해서 쓰면 효율적으로 광고비를 사용할 수 있다.

• 상품을 등록하고 일주일 경과를 지켜본다.
• 신규상품등록의 효과로 2~3일간 상품의 상위노출이 이루어진다. 이 기간 동안 간혹 상품이 팔리는 경우가 있다.
• 초보 셀러인 경우 앞에서 결제 10,000엔을 일주일 안에 써보기를 권장한다.
• 뒤에서 설명하겠지만 저렴하면서 유용한 광고비를 써보면서 효과가 있는지 확인해보길 바란다.
• 가장 효과가 좋았던 광고를 지속적으로 사용해본다.
• 전체 광고비는 매출액 대비 3%를 넘기지 않는 것이 좋다.
• 광고비를 매월 사용할 예정이라면 판매가에도 광고비를 포함시켜 계산해야 한다.

3 _ 광고 종류

1) 메인페이지 광고 노출

❶ Q스페셜프리미어 배너

❷ 타임세일 광고

❸ 공동구매 광고

이외의 노출은 큐텐 재팬 자체 선정으로 이루어지고 있으며, 상품의 판매가 잘되면 랭킹부분 메인에
노출되기도 한다.

2) 카테고리를 클릭하는 경우 광고 노출

❶ Deal Plus

❷ Groupbuy Plus (공동구매하고 있는 상품을 노출)

❸ Category Plus

3) 키워드 검색한 경우 광고 노출

KeywordPlus광고 – "ラス商品" 플러스 상품이라고 표시되고 이 아래 부분은 일반 상품이다.

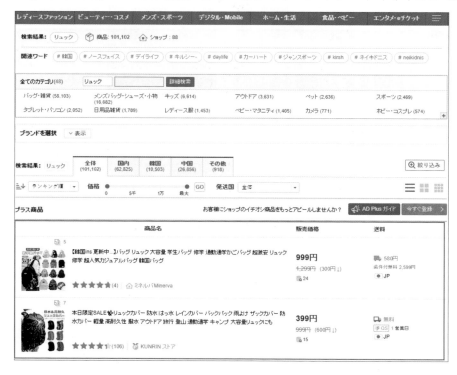

02 _ 파워랭크업 광고

상품 등록 후 판매가 이루어지지 않으면 상품 노출 순위는 뒤로 밀리게 된다. 이럴 때 사용하면 좋은 것이 파워랭크업 광고이다.

파워랭크업은 상품페이지 랭크업 점수를 높여 주어 고객이 상품을 키워드로 검색했을 때 상품을 상위 노출시켜주는 광고이다. 물론 파워랭크업 기간이 지나면 상품페이지의 노출 순위는 하락하게 된다. 큐텐에서 제일 저렴한 광고이며, 저렴한 비용으로 긴 기간 상품을 상위에 노출시킬 수 있다.

1 _ 파워랭크업이란?

파워랭크업 비용과 기간은 다음과 같다.

- 검색 결과, 대/중/소 카테고리 상품 목록의 상단에 상품을 노출합니다.
- 전시 시간은 전시 시작일 00:00:00에서 전시 종료일 23:59:59까지입니다.
- 전시 비용

2일	7일	15일	30일	60일	90일
200엔	600엔	1,100엔	2,000엔	3,500엔	5,000엔

- 광고 자동 연장을 설정하시면, 광고 종료일에 기간이 자동으로 연장되어 편리하게 광고 이용을 지속할 수 있습니다.
- 하루 100엔으로 상품 리스트 상단에 상품을 더 많이 노출하고, 높은 매출을 달성하세요.

파워랭크업을 설정한 상품은 다음과 같이 노출된다.

2 _ 파워랭크업 설정하기

1) 상품편집에서 파워랭크업 설정하기

상품관리-> 상품등록&수정 -> 상품편집으로 들어가 상품을 선택 후 상품 편집하면 아래 부분의 파워랭크업 설정화면에서 설정 가능하다. 기간을 선택 후 "적용" 버튼을 클릭하면 설정이 완료된다.

광고 자동연장도 가능하다. 7일을 설정하고 "광고 자동 연장"을 클릭하면 7일 주기로 파워랭크업이 자동 설정된다.

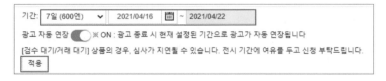

2) 프로모션 메뉴에서 파워랭크업 설정하기

❶ 프로모션 -> ❷ 파워랭크업 클릭해서 이동한다.

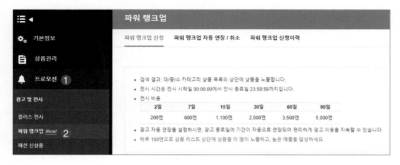

❶ 카테고리나 상품번호를 통해 상품을 검색한다.

❷ 파워랭크업을 설정하고 싶은 상품을 체크한다.

❸ 기간을 설정한다.

❹ "신청" 버튼을 누르면 설정이 완료된다.

3 _ 파워랭크업 설정 시 주의사항

• Q캐시가 부족한 경우, 파워랭크업 자동연장이 되지 않는다.

• "00 : 00"시를 기점으로 파워랭크업이 시작되면 변경 및 취소는 불가하다.

• 1일 노출로 계산되기 때문에 파워랭크업을 오늘날짜로 오후 2시에 설정했다면 23:59:59까지 1일 노출이 끝난다. 당일 설정은 시간이 늦으면 늦을수록 1일 광고 일정을 손해볼 수 있다.

03 _ 공동구매 / Groupbuy 플러스 광고

----

1 _ 공동구매 이해하기

공동구매란 설정한 상품 수량만큼 판매가 완료되면 평상시 판매금액 보다 할인된 가격으로 상품 판매를 하는 방법이다.

1) 공동구매의 장점

- 일정기간 확보된 수량을 판매할 때 좋다.
- 판매수수료를 할인 받는다. (판매수수료 8%)
- 공동구매 페이지에 상품이 별도 노출된다.
- 입찰 마감 전까지는 광고 입찰 변경 및 취소가 가능하다.

2) 공동구매 조건

공동구매 조건은 다음과 같다.

공동구매 조건 및 기간	
할인율	기존 판매가 대비 할인율은 10%나 100엔 이상의 할인
쿠폰 적용가능	큐텐 고객은 Qoo10에서 발행한 쿠폰을 통해 추가 할인 받을 수 있다.
판매수수료 할인	판매수수료는 8%를 적용 받는다.
광고비용	3일 = 1,000 Qcash 1주 = 2,000 Qcash 2주 = 3,000 Qcash
광고연장비용	1일 = 2,500 Qcash 2주 = 5,000 Qcash 30일 = 10,000 Qcash

공동구매를 설정하면 다음과 같이 표시 된다.

❶ 공동구매가격
❷ 현재 공동구매로 판매된 수량
❸ 남아 있는 공동구매 기간

2 _ 공동구매 설정하기

❶ 프로모션 –〉 ❷ 공동구매를 클릭한다. ❸ 조회를 클릭해서 공동구매할 상품을 선택한다. ❹공동
신청 및 사용했던 내용을 확인할 수 있다.

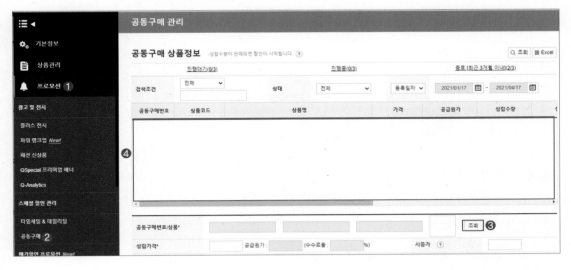

위에서 "조회"버튼을 클릭하면 상품을 선택하기 위한 팝업창이 뜬다. ❶ 카테고리를 통해 상품을 찾
을 수 있고, ❷ 상품코드를 통해서 빠르게 상품을 찾을 수 있다. 상품을 목록에서 더블클릭하거나 ❸
"선택"을 클릭하면 완료된다.

❶ 성립가격은 기존 판매가격보다 10% or 100엔 이상 할인 된 가격으로 설정해야 한다.

❷ 공동구매 성립 수량은 1개 이상부터 설정 가능하다.

❸ 시중가는 성립가격보다 높게 입력하면 한다.

❹ 공동구매기간을 설정한다.

❺ 발송가능 종류를 설정하고, 기간을 숫자로 입력한다.

❻ 추가 버튼을 클릭한다.

팝업 창이 뜨면 내용을 확인하고 "확인" 버튼을 클릭하면 공동구매 설정이 완료된다.

공동구매 조회를 누르면 공동구매 신청내역을 확인할 수 있다. 공동구매 시작 전 변경할 사항이 있으면 해당 신청내역을 클릭한다. 성립가격, 성립수량, 시작일자, 발송가능일 등은 공동구매가 시작되면 변경이 불가하다.

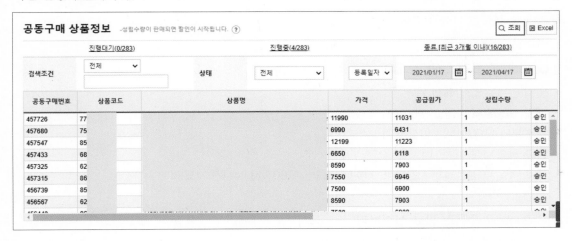

공동구매 목록을 더블클릭하면 다음과 같이 내역을 확인할 수 있다.

❶ 공동구매 시작 전 변경할 사항이 있으면 내용을 변경 후 "수정" 버튼을 클릭한다.

❷ 판매자의 사정으로 공동구매를 조기 마감도 가능하다. 조기 마감한 경우 Q캐쉬는 환불되지 않는다.

❸ 공동구매 판매가 잘 이루어진다면 기간연장으로 판매 흐름을 유지하자.

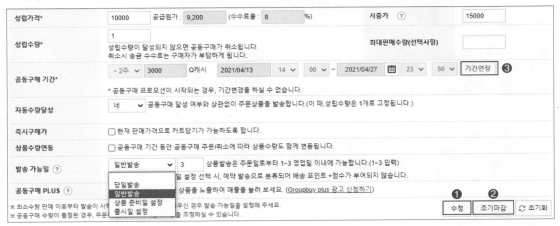

3 _ Groupbuy 플러스 광고 이해와 설정

공동구매를 진행하고 있는 상품을 더 상위에 노출하고 싶다면 Groupbuy 플러스 광고를 진행한다. 광고 노출 부분은 다음과 같다.

1) Groupbuy 플러스 광고 개요

- 일일 단위로 입찰/게재 된다.
- 매일 19:00부터 다음날 17:50까지 입찰 가능
- 17:50부터 19:00까지는 입찰 불가
- 광고 최종 낙찰시간은 매일 18:00
- 광고 낙찰 후 상품게재 시간은 18:00부터 다음날 18:00까지 24시간 게재된다.

2) Groupbuy 플러스 광고 살펴보기

Qoo10 재팬 메인 페이지 아래 부분에도 상품이 노출된다.

고객이 상품 카테고리를 클릭했을 때 첫 화면에 공동구매 상품을 노출시킬 수 있다.

공동구매하는 상품페이지 안에서도 "픽업 플러스상품"으로 상위에 노출된다.

3) Groupbuy 플러스 광고 설정하기

❶ 프로모션 –〉 ❷ 플러스 전시 –〉 ❸ 카테고리별 입찰 –〉 ❹ Groupbuy Plus를 클릭한다. ❺ 상품을 노출할 카테고리를 선택한다.

❶ 하루 검색 수를 확인할 수 있다.

❷ 광고 마감 전까지 광고 입찰 금액 리스트이다. 본인이 입찰한 금액은 "＊"로 표시 된다.

❸ 전날 낙찰 되었던 광고 금액 리스트이다.

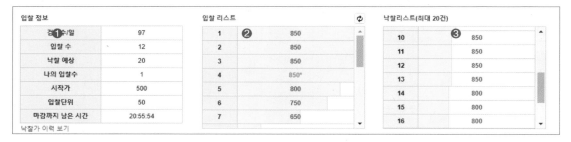

❶ 카테고리나 상품코드를 통해 광고할 상품을 선택한다.

❷ 광고 진행할 상품이 맞는지 확인한다.

❸ 최소 입찰 단위를 확인하고, 광고에 낙찰 될 수 있는 금액을 입력한다.

❹ "입찰하기"를 클릭하면 최종 입찰이 완료된다.

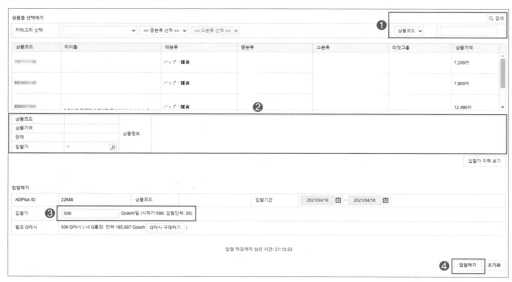

04 _ 플러스 전시 / 카테고리

플러스 전시 카테고리 부분 광고는 고객이 큐텐의 상품 카테고리 메뉴를 클릭했을 때 상품을 노출하는 광고이다. 카테고리 광고는 Deal Plus, Groupbuy Plus, Category Plus 총 3개로 나뉜다. Groupbuy Plus는 Lesson 03 공동구매 부분에서 설명했기 때문에 이번 Lesson에서는 제외하겠다.

플러스 전시 / 카테고리 광고의 특징

- 고객이 직접 카테고리를 선택했을 때 상품을 노출하기 때문에 구매 전환율이 높다.
- 별다른 조건이 없기 때문에 상품을 좀 더 노출하고자 할 때 좋다.
- 노출이 많은 순서는 Deal Plus 〉 Groupbuy Plus 〉 Category Plus 이다.
- Deal Plus (주간 단위 입찰)로 상품 일주일 단위로 노출된다.
- Groupbuy Plus, Category Plus(일일 단위 입찰)로 상품은 하루 단위로 노출된다.

1 _ Deal Plus 광고 이해와 설정하기

광고를 진행하면 총 4개 부분의 카테고리 페이지에 상품이 노출된다.

- 광고 입찰 가능한 시간은 매주 수요일로 전주 수요일 19:00 ~ 금주 수요일 17:49까지 입찰 가능
- 입찰한 Qcash X 7일분 Qcash 차감([예] 입찰가 100 큐캐시인 경우, 최종 낙찰되면 총 700 큐캐시가 차감된다.)
- 노출기간은 낙찰된 주 수요일 18:00부터 다음 주 수요일 18:00까지 7일 동안 게재
- 오늘의 특가 페이지
- 카테고리 그룹페이지
- 대분류 페이지(고객이 PC로 검색했을 때만 노출)
- 중분류 페이지(고객이 PC로 검색했을 때만 노출)

1) 오늘의 특가

큐텐 재팬 메인페이지 화면 아래에 "오늘의 특가"부분에 상품이 노출된다.

2) 카테고리 그룹페이지

고객이 상품 카테고리를 대분류, 중분류로 선택했을 때도 다음과 같이 "플러스 상품"으로 상품이 노출된다. 예를 들어 고객이 여성패션이라는 대분류 카테고리를 선택하거나 여성패션 카테고리 안에 있는 중분류 아우터 재킷을 선택했을 때도 상품은 노출된다.

3) 플러스 전시 설정 방법

❶ 프로모션 –〉 ❷ 플러스 전시 –〉 ❸ 카테고리별 입찰 –〉 ❹ Deal Plus 탭 클릭 –〉 ❺ 상품 카테고리를 선택한다.

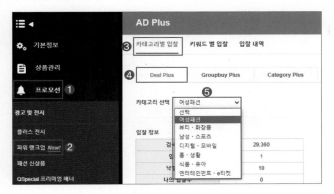

❶ 최근 1주간 하루 평균치 방문자수
❷ 현재 입찰된 건수
❸ 광고 낙찰 건수
❹ 본인이 입찰한 건수
❺ 광고 최소 입찰가격
❻ 입찰 단위 가격
❼ 입찰 시간까지 남은 시간

입찰 정보	
검색수/일 ❶	29,360
입찰 수 ❷	1
낙찰 예상 ❸	10
나의 입찰수 ❹	0
시작가 ❺	500
입찰단위 ❻	50
마감까지 남은 시간 ❼	3일 1:00:52

낙찰가 이력 보기

❶ 현재 입찰 된 금액이면 본인이 입찰한 금액은 노란색으로 표시된다.
❷ 지난 수요일 낙찰된 금액을 알 수 있다.

◆ 그림 4-5

❶ 광고할 상품을 확인한다.

❷ 입찰기간을 설정한다.

❸ 입찰가를 입력한다.

❹ "입찰하기" 버튼을 클릭하면 최종 입찰이 끝난다.

2 _ Category Plus 광고 이해와 설정하기

가장 저렴한 광고이다. Category Plus 광고의 특징은 다음과 같다.

· 매일 18:00부터 다음날 17:50까지 입찰이 가능합니다.

· 일찰 날짜를 지정해서 미리 광고 입찰을 진행할 수 있다.

· 낙찰시간은 매일 18:00 이다.

· 낙찰된 상품은 18:00부터 다음날 18:00까지 24시간 노출된다.

· 상품노출은 카테고리 대분류/중분류를 구분해서 노출된다.

· PC와 App에도 노출된다.

1) 상품의 노출

상품의 노출은 다음과 같다.

2) Category Plus 설정하기

❶ 프로모션 –〉 ❷ 플러스 전시 –〉 ❸ 카테고리별 입찰 –〉 ❹ Category Plus 탭 클릭 –〉 ❺ 대분류/중분류를 선택하고 상품 카테고리를 선택한다.

❶ 광고할 상품은 선택한다.

❷ 광고할 상품을 확인한다.

❸ 광고에 입찰할 기간을 설정한다.

❹ 광고입찰가를 입력한다.

❺ "입찰하기" 버튼을 클릭하면 최종 입찰이 끝난다.

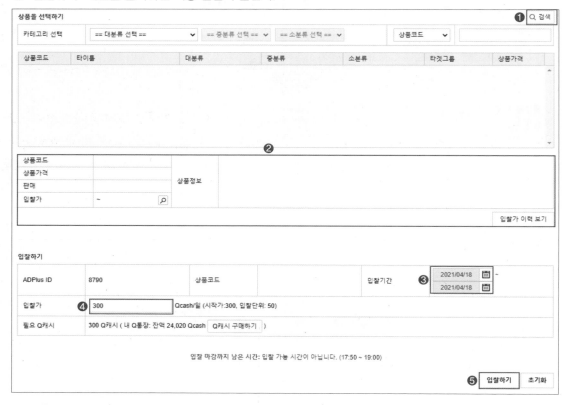

05 _ 플러스 전시- 키워드(플러스 전시 수정 및 취소)

플러스 전시 키워드 광고는 고객이 Qoo10 검색창에 구매할 키워드를 검색했을 때 상품페이지를 상위에 노출시키는 광고이다.

플러스 전시 / 키워드 광고의 특징

- 특별한 조건이 없다.
- 광고 입찰 가능한 시간은 매주 수요일로 전주 수요일 19:00 ~ 금주 수요일 17:49까지 입찰 가능
- 입찰기간을 설정해두면 자동으로 광고 입찰이 된다.
- 낙찰시간은 매일 18:00 이다.
- 노출기간은 낙찰된 상품은 18:00부터 다음날 18:00까지 24시간 동안 게재된다.
- 최대 10개 상품이 노출된다.

1 _ 플러스 전시 키워드 광고 상품 노출 페이지

한국패션(韓国ファッション)이라고 검색하면 다음과 같이 노출된다. 구분선을 기점으로 상위 10개 상품이 플러스 전시 키워드광고로 노출되고 아래 부분은 일반 상품으로 판매가 많이 이루어져야 상위 노출이 된다.

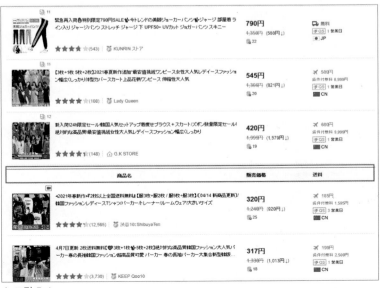

◆ 그림 5-1

2 _ 플러스 키워드 광고 설정하기

❶ 프로모션 –〉 ❷ 플러스 전시 –〉 ❸ 키워드 별 입찰 탭을 선택한다.

❶ Qoo10에서 가장 인기 있는 검색 키워드를 확인할 수 있다.

❷ 최근 일주일간 키워드 검색수를 보여주고 있다.

❸ 전날 낙찰 된 금액을 보여주고 있다.

❹ 한국패션(韓国ファッション) 키워드를 광고 낙찰받게 되면 관련키워드로 고객이 검색해도 셀러의 상품
은 노출된다. 한국패션(韓国ファッション) 키워드 광고가격이 부담스러우면 관련키워드로 저렴하게 광
고를 진행해도 된다.

❶ 광고할 검색 후 선택한다.

❷ 입찰기간을 설정한다. 입찰기간을 설정한만큼 자동으로 광고 입찰이 이루어진다.

❸ 입찰기를 입력한다.

❹ "입찰하기" 버튼을 클릭하면 최종 입찰이 끝난다.

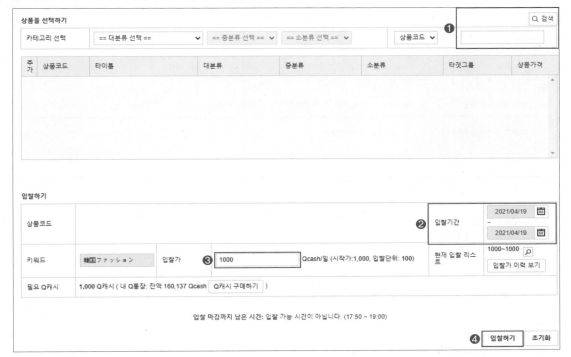

3 _ 플러스 전시 모든 광고 수정 및 취소

❶ 프로모션 → ❷ 플러스 전시 → ❸ 입찰 내역 탭을 클릭한다.

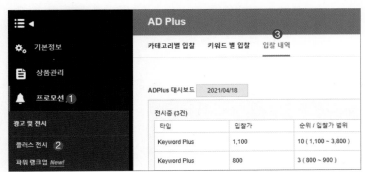

❶ 수정/취소할 광고를 검색한다.

❷ 상품을 선택한다. 복수 선택 가능하다.

❸ 변경하고자 하는 입찰가 입력이 가능하다.

❹ "수정하기" 버튼을 클릭하면 수정이 완료된다. "취소" 버튼을 클릭하면 광고 입찰이 취소된다. 모든 수정/취소는 광고 입찰 마감시간 전에 이루어져야 한다.

06 _ 패션신상품

큐텐 재팬에서 새로 등록된 패션상품을 광고할 수 있다. 신상품을 먼저 확인하고 싶은 고객이나 트렌드 상품에 민감한 고객을 타켓으로 한 광고이다.

패션신상품 광고의 특징

- 판매자 부담으로 고객에게 제공할 Q Point를 설정해야 한다.
- Q Point는 판매금액의 5% ～ 30%까지 설정 가능하다.
- 패션신상품 광고는 모바일과 App에서만 상품이 노출된다.
- 상품 광고기간은 1주일 단위이다.
- 광고 개시 전일까지는 취소 및 환불이 가능하다.
- 상품등록 후 60일이 경과되면 안 된다.
- 상품전시 기간은 시작일 00:00 ～ 23:59까지 전시된다.
- 타임세일, 데일리딜, 공동구매 등 다른 광고가 진행되고 있으면 패션신상품 광고 신청이 되지 않는다.
- 패션신상품 광고가 진행되고 있는 상품은 타임세일, 데일리딜, 공동구매 등 다른 광고를 진행하지 못한다.

1 _ 패션신상품 광고 노출 위치 살펴보기

앱 화면 첫 페이지에 광고 코너가 보인다. 총 2 카테고리를 통해 상품 노출이 가능하다.

패션상품의 카테고리마다 상품 노출이 가능하다.

2 _ 패션신상품 설정 방법

❶ 프로모션 -〉 ❷ 패션신상품 -〉 ❸ 검색을 통해 상품을 선택한다.

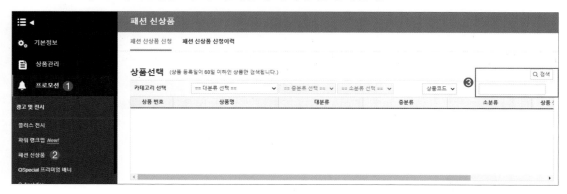

❶ 상품등록일에 따라 광고 가능한 기간을 확인할 수 있다.

❷ 일주일 단위로 상품광고 기간을 설정한다.

❸ "신청하기" 버튼을 클릭한다.

상품코드			
상품가격	3,690円	상품정보	
상품등록일	2021-04-20 ❶		
전시 신청 가능일 (초과시 신청 불가)	2021-06-19		

전시 신청

상품코드		상품가격	3,690円	QPoint(%)	5 % ∨
					184 상품가격의 5%~30% 설정 가능
전시기간	❷ 1 Weeks ∨ 2021-04-21 📅 ~ 2021-04-27				
필요 Q캐시	500 Q캐시 (139,837 Q캐시 Q캐쉬구매하기)				

❸ 신청 신청이력보기 초기화

3 _ 패션신상품 광고 연장 및 취소

❶ "패션 신상품 신청이력" 탭을 클릭한다.
❷ 상품 검색 후 상품을 클릭한다.
❸ 전시기간 연장 / 취소 버튼을 클릭해서 광고를 수정한다.

07 _ 타임세일

1 _ 타임세일 광고 이해하기

1) 타임세일 광고 특징 살펴보기

타임세일은 특정시간에 상품을 할인 광고해서 판매하는 방법이다. 타임세일은 다음과 같이 크게 3분류의 시간대 설정이 가능하다.

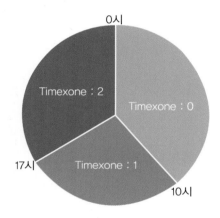

타임세일 광고의 특징

• 할인율을 5% 이상 설정해야 한다.
• 할인시간은 설정에 따라 10시간 또는 7시간이다.
• 판매수수료는 "할인 전 판매가격 X 수수료율"이다. 예를 들어 1,000 상품을 5% 할인해서 950엔 판매했다면, 950엔 x 수수료가 아니라 1,000엔 x 판매수수료이다.
• 타임세일 할인 설정은 무료이다.
• 타임세일은 스탠다드(2,000 Qcash)와 프리미엄(5,000 Qcash)를 통해 상품을 광고 진행할 수 있다.
• 프리미엄이나 스탠다드 광고는 10일전 오전 10시부터 신청이 가능하다.

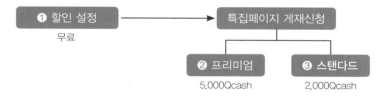

2) 타임세일 노출 위치 살펴보기

타임세일 가격 노출은 다음과 같이 할인가로 표시된다.

타임세일 페이지는 Qoo10 메인 페이지 우측 상단에 노출하고 있다.

타임세일은 앱에서도 첫 화면에 바로 노출된다.

2 _ 타임세일의 종류

타임세일은 프리미엄 광고와 스탠다드 광고 두 가지가 제공된다.

타임세일을 통해 할인을 설정한 상품을 타임세일 페이지에 광고 진행할 수 있다. 프리미엄 광고는
타임세일 페이지에서 상품을 상위 노출시킨다. 타임세일을 통해 할인만 설정하면 상품은 타임세일
페이지에 노출되지 않는다.

❶ 프리미엄 광고(5,000 Qcash)는 사진도 크게 확대되고 타임세일 페이지 상단에 노출된다.
❷ 스탠다드 광고(2,000 Qcash)는 타임세일 페이지 맨 하단에 노출된다.

3 _ 타임세일 설정하기

타임세일 설정을 두 가지 방법으로 알아보자.

1) 타임세일 설정 방법 – 할인만 설정

❶ 프로모션 –〉 ❷ 타임세일 & 데일리딜을 선택한다.

❶ 상품 선택을 클릭 후 광고할 상품을 선택한다.

❷ 타임세일을 선택한다.

❸ 기존 상품가격의 5% 이상의 할인 가격을 입력한다.

❹ 광고날짜와 시간을 선택한다. 타임세일을 일정 기간 동안 계속해서 진행하고 싶다면 시간 선택란 옆에 있는 " + " 버튼을 클릭한다.

❺ "추가" 버튼을 클릭하면 타임세일 할인 설정이 완료된다.

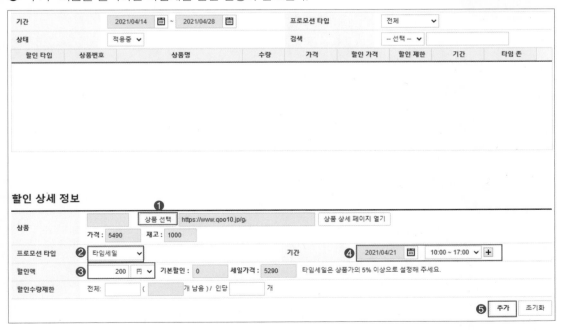

❶ 할인가 시작 날짜와 시간을 선택한다.

❷ "연속 기간 설정"을 클릭한다.

❸ 할인가 마감 날짜와 시간을 선택한다.

❹ "저장"을 클릭하면 날짜와 시간설정
이 완료된다.

2) 타임세일 설정 방법_프리미엄 광고(5,000 Qcash)와 스탠다드 광고(2,000 Qcash)

앞에 할인 설정이 완료되었다면 이 타임세일 할인 상품을 광고 진행할 수 있다. 아래를 보면 타임세일 광고가 가능한 일정을 알 수 있다. "프로모션 달력보기"를 클릭하면 더 상세히 볼 수 있다.

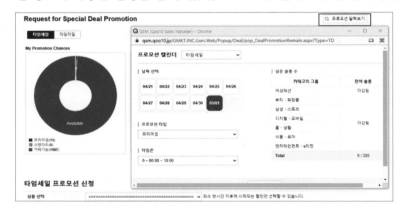

❶ 할인 설정한 상품 중 광고할 상품을 선택한다.

❷ 프리미엄 광고 (5,000 Qcash)나 스탠다드 광고 (2,000 Qcash) 중 1개를 선택한다.

❸ 잔여 슬롯이 "0"일 경우 광고 신청이 불가하다.

❹ "요청"을 클릭하면 신청이 완료된다.

※ 신청은 선착순으로 진행되며. 원하는 날짜기 미리 마감되어 있으면 신청이 어렵다. 프리미엄(5,000 Qcash) 같은 경우 10일 전 10시부터 신청 가능하니 주말이나 일본의 행사날짜에 맞춰 미리 신청해놓는 것도 좋은 방법 중에 하나다.

4 _ 프리미엄 광고/스탠다드 광고 – 취소 및 상품 변경하기

"신청이력보기"를 클릭한다.

❶ 날짜범위를 설정한다.

❷ "검색"버튼을 클릭한다.

❸ 해당 상품 목록을 더블 클릭한다.

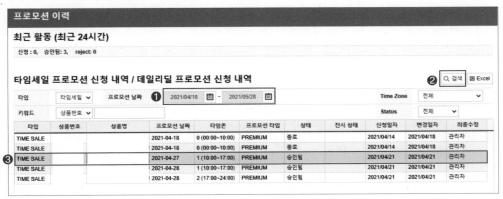

❶ "요청취소"를 클릭하면 타임세일 광고가 취소된다.

❷ 타임세일 광고를 신청한 상품을 다른 상품으로 변경하려면 Normal(여성에게 보이는 상품을 교체)과 남성
   (남성에게 보이는 상품을 교체)을 체크한다. 한 개만 선택해서 체크 가능하다.

❸ 같은 시간대 타임세일 할인이 설정된 상품 중 한 개만 선택 가능하다.

❹ 변경할 상품이 맞는지 확인하다.

❺ "적용"을 클릭하면 광고할 상품이 변경된다.

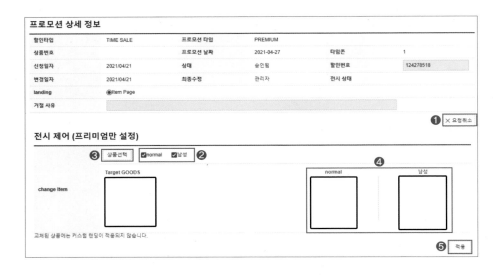

5 _ 타임세일 설정 시 판매 정산 금액

처음 상품을 등록했고, 판매가격은 1000엔인 상품이 있다. 이 상품을 타임세일광고를 진행하려고 한다. 타임세일 할인을 100엔을 설정했다. 이 경우 할인과 판매수수료를 제외한 판매 정산 금액은 얼마일까?

800엔[셀러판매 정산금] = 900엔[판매가에서 100엔 할인]−(1000엔[판매가]X10%[판매수수료])

즉, 판매수수료는 할인 전 금액으로 청구되며, 할인금액을 설정한만큼 판매 정산 금액이 차감된다.

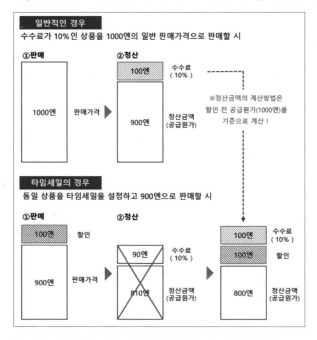

08 _ 데일리딜

1 _ 데일리딜 광고 이해하기

데일리딜은 한 상품을 하루씩 할인 설정해서 광고하는 방법이다.

타임세일 광고의 특징

- 할인율을 3% 이상 설정해야 한다.
- 할인시간은 0시부터 24시까지 하루 24시간이다.
- 판매수수료는 "할인 전 판매가격 × 수수료율"이다. 예를 들어 1,000 상품을 5% 할인해서 950엔 판매했다면, 950엔 × 수수료가 아니라 1,000엔 × 판매수수료이다.
- 타임세일 할인 설정은 무료이다.
- 타임세일은 스탠다드(1,000 Qcash)와 프리미엄(3,000 Qcash)를 통해 상품을 광고 진행할 수 있다.

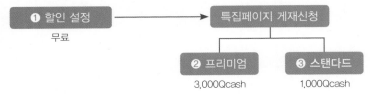

2 _ 데일리딜의 노출 위치 살펴보기

데일리딜 할인을 설정하면 다음과 같이 할인표시가 된다.

데일리딜은 오늘의특가로 Qoo10 메인 페이지 중간에 노출되고 있다.

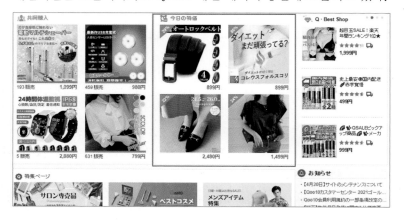

데일리딜은 앱에서 타임세일 아래 부분에 "오늘의 특가"로 첫 페이지에 노출된다.

3 _ 데일리딜의 상위 노출 광고 종류

데일리딜의 상위 노출 광고에는 프리미엄 광고(3,000 Qcash), 스탠다드 광고(1,000 Qcash) 두 가지 종류가 있다. 데일리딜을 통해 할인을 설정한 상품을 데일리딜(오늘의 특가) 페이지에 상품을 상위 노출 광고를 진행할 수 있다. 프리미엄과 스탠다드 광고는 데일리딜(오늘의 특가) 페이지에 페이지에서 상품을 상위 노출시킨다. 데일리딜을 통해 할인만 설정하면 상품은 데일리딜(오늘의 특가) 페이지에 노출되지 않는다.
큐텐 메인페이지에서 오늘의 특가 페이지를 클릭하면 다음과 같이 오늘의 특가 상품을 볼 수 있다.

❶ 프리미엄 광고 (3,000 Qcash)는 사진도 크게 확대되고 오늘의 특가 페이지 상단에 노출된다.

❷ 스탠다드 광고 (1,000 Qcash)는 오늘의 특가 페이지 맨 하단에 노출된다.

4 _ 데일리딜 설정하기

1) 데일리딜 설정 방법 – 할인만 설정

❶ 프로모션 –〉 ❷ 타임세일 & 데일리딜을 설정한다.

❶ 상품 선택을 클릭 후 광고할 상품을 선택한다.

❷ 데일리딜을 선택한다.

❸ 기존 상품가격의 3%이상의 할인 가격을 입력한다.

❹ 광고 날짜와 시간을 선택한다. 타임세일 할인을 일정 기간 동안 계속해서 진행하고 싶다면 시간선택란 옆
에 있는 " ＋ " 버튼을 클릭한다.

❺ 추가 버튼을 클릭하면 데일리딜 할인 설정이 완료된다.

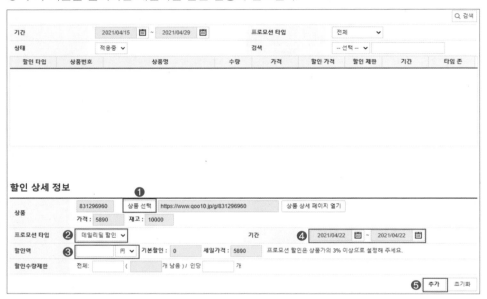

❶ 할인가 시작 날짜와 시간을 선택한다.

❷ "연속 기간 설정"을 클릭한다.

❸ 할인가 마감 날짜와 시간을 선택한다.

❹ "저장"을 클릭하면 날짜와 시간 설정이 완료된다.

2) 데일리딜 설정 방법 – 프리미엄 광고 (3,000 Qcash), 스탠다드 광고 (1,000 Qcash)

할인 설정 후 화면 아래를 보면 데일리딜 광고가 가능한 일정을 알 수 있다. "프로모션 달력보기"를
클릭하면 더 상세히 볼 수 있다.

❶ 할인 설정한 상품 중 광고할 상품을 선택한다.

❷ 프리미엄 광고 (5,000 Qcash)나 스탠다드 광고 (2,000 Qcash) 중 1개를 선택한다.

❸ 광고일자를 설정한다. Available (잔여 슬롯)이 "0"일 경우 광고 신청이 불가하다.

❹ "요청"을 클릭하면 신청이 완료된다.

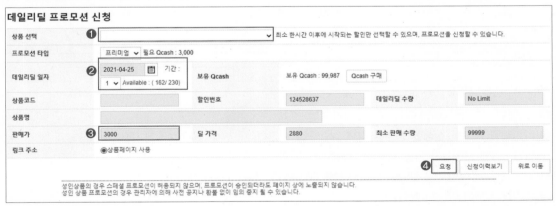

※ 신청은 선착순으로 진행되며, 원하는 날짜기 미리 마감되어 있으면 신청이 어렵다. 프리미엄 (5,000 Qcash) 같은 경우 10일
전 10시부터 신청 가능하니 주말이나 일본의 행사날짜에 맞춰 미리 신청해놓는 것도 좋은 방법 중에 하나다.

5 _ 프리미엄 광고/스탠다드 광고 – 취소 및 상품 변경하기

"신청이력보기"를 클릭한다.

❶ 데일리딜을 선택한다.

❷ 날짜범위를 설정한다.

❸ 검색버튼을 클릭한다.

❹ 해당 상품 목록을 더블 클릭한다.

❶ "요청취소"를 클릭하면 타임세일 광고가 취소된다.

❷ 타임세일 광고를 신청한 상품을 다른 상품으로 변경하려면 Normal(여성에게 보이는 상품을 교체) 과 남성(남성에게 보이는 상품을 교체)을 체크한다. 한 개만 선택해서 체크 가능하다.

❸ 같은 시간대 타임세일 할인이 설정된 상품 중 한 개만 선택 가능하다.

❹ 변경할 상품이 맞는지 확인한다.

❺ "적용"을 클릭하면 광고할 상품이 변경된다.

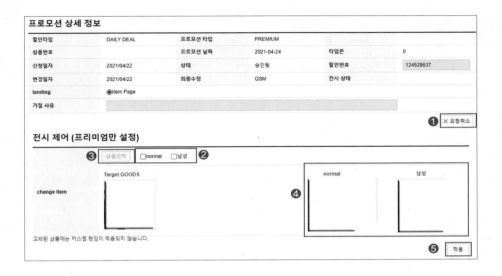

6 _ 데일리딜 설정 시 판매 정산 금액

처음 상품등록 후 판매가격이 1000엔인 상품이 있다. 이 상품을 데일리딜 광고를 진행하려고 한다. 데일리딜 할인을 100엔을 설정했다. 이 경우 할인과 판매수수료를 제외한 판매 정산 금액은 얼마일까?

800엔[셀러판매 정산금] = 900엔[판매가에서 100엔 할인]−(1000엔[판매가]X10%[판매수수료])

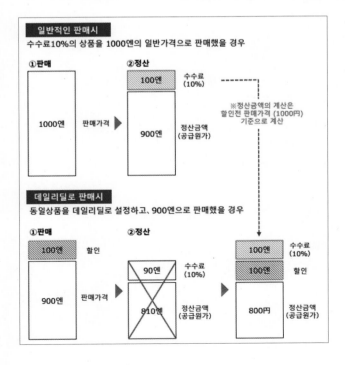

즉, 판매수수료는 할인 전 금액으로 청구되며, 할인금액을 설정한 만큼 판매 정산 금액이 차감된다.

09 _ 단골고객 쿠폰 발행

- -

판매자의 미니샵에서 사용 가능한 쿠폰입니다. 즉, 셀러의 상품에만 적용 가능한 쿠폰을 발행하는
것이다.

1 _ 단골고객 쿠폰 특징 살펴보기

단골고객 쿠폰의 특징

- 셀러의 샵을 즐겨찾기로 설정한 고객에게만 발행하는 것도 가능하다.
- 쿠폰은 판매자 부담이다. 고객이 쿠폰을 사용하면 정산대금에 차감된다.
- Qoo10이 발행한 쿠폰과 중복 사용도 가능하다.

고객이 셀러의 상품페이지를 클릭하면, 다음과 같이 셀러가 발행한 단골고객 쿠폰을 확인할 수 있다.

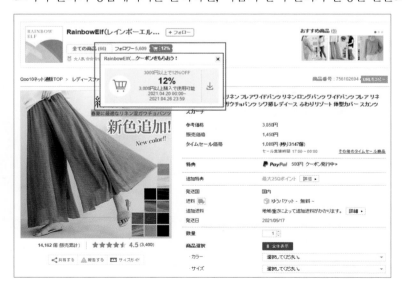

상품을 검색했을 때 쿠폰을 설정한 경우는 다음과 같이 표시된다.

2 _ 단골고객 쿠폰 설정하기

❶ 프로모션 -〉 ❷ 단골고객쿠폰 -〉 ❸ 단골고객 쿠폰 탭을 클릭한다.

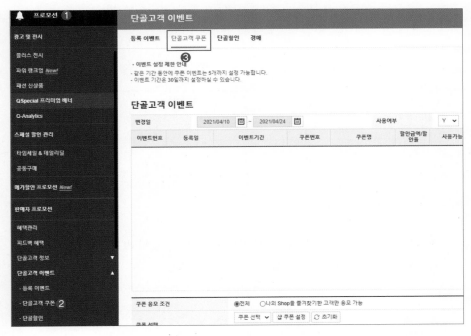

"샵쿠폰 설정"을 클릭하면 푸시프로모션 페이지가 열린다.

❶ 쿠폰명은 고객에게 노출된다.

❷ 최소사용조건에 구매가격 이상 금액을 입력 후 정률(%)이나 정액에 할인 금액을 설정한다.

❸ 적용대상상품은 모든 상품, 특정 카테고리, 특정 브랜드로 설정할 수 있다.

❹ 쿠폰 사용 기간을 설정한다.

❺ "추가" 버튼을 클릭하면 쿠폰설정이 완료된다.

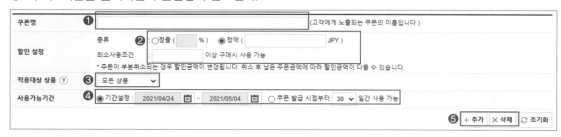

화면 위에 쿠폰 설정이 되었는지 확인한다. 현재는 쿠폰 설정만 완료된 것이고 쿠폰이 발행된 것은 아니다. 다시 "단골고객 쿠폰" 화면으로 돌아가야 한다.

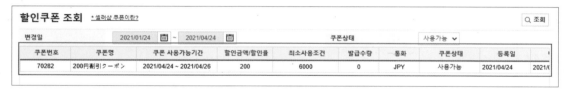

❶ "전체(셀러의 미니샵을 방문한 모든 고객)" or "나의 Shop (셀러의 샵을 팔로우한 고객만 사용 가능)" 둘
중 하나를 선택한다.

❷ 쿠폰선택을 클릭하면 "푸시프로모션"에서 만든 쿠폰이름을 확인할 수 있다.

❸ 쿠폰 발행 가능 기간을 설정한다.

❹ 발급수량을 입력한다.

❺ 1일 쿠폰 발행 횟수를 설정한다.

❻ 추가 버튼을 클릭하면 설정이 완료된다.

❼ 목록에서 현재 진행 중인 쿠폰을 확인할 수 있다.

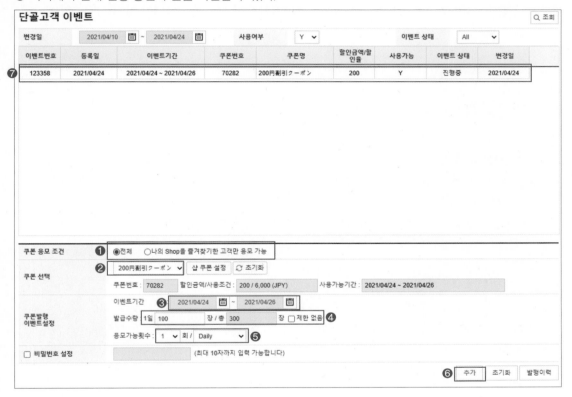

10 _ 쿠폰 Push 발송

판매자가 발행한 Shop 쿠폰을 단골고객에게 Push 메시지, E-Mail로 보내어 알리는 기능이다.

1 _ 단골고객 쿠폰 특징 살펴보기

단골고객 쿠폰의 특징
- 쿠폰은 프로모션과 고객보상 쿠폰 두 가지가 있다.
  - 프로모션 : 셀러Shop을 Fellow로 등록한 고객에게 쿠폰 메시지 발송
  - 고객보상 : 셀러Shop에서 주문한 이력이 있는 고객에게 쿠폰 메시지 발송
- 쿠폰 설정이 미리 되어 있어야 한다. 쿠폰설정은 "Lesson 9 단골고객 쿠폰"에서 설명하고 있다.
- 쿠폰은 판매자 부담이다. 고객이 쿠폰을 사용하면 정산대금에 차감된다.
- Qoo10이 발행한 쿠폰과 중복 사용도 가능하다.
- 쿠폰 PUSH는 별도 요금이 발생하지 않는다. 주 1회 발송 가능하다.
- 이메일 인증을 하지 않았거나 Shop 쿠폰 메일 수신을 거부한 고객에게는 발송되지 않는다.
- 오늘 신청한 건은 내일 오전 쿠폰 메시지가 발송된다.

2 _ 단골고객 쿠폰 발송하기

이메일 쿠폰 같은 경우 다음과 같이 고객에게 발송된다.

❶ 프로모션 –〉 ❷ 쿠폰 Push 발송을 설정한다.

1) 프로모션 신청방법(셀러Shop을 Fellow로 등록한 고객에게 쿠폰 메시지 발송)

❶ 프로모션을 선택한다.

❷ 쿠폰선택을 클릭하면 "푸시프로모션"에서 만든 쿠폰이름을 확인할 수 있다.

❸ 단골고객을 선택한다.

❹ 전 기간이나 셀러의 샵을 Fellow (단골)한 고객을 기간으로 선택한다.

❺ 쿠폰 발송 메일 이미지를 "Upload"를 통해 별도로 제작 가능하다. 광고 배너 설정을 하지 않으면 미니샵 메인 이미지로 메일이 발송된다.

❻ "신청하기"를 클릭한다.

광고배너 설정이미지를 업로드한 경우 다음과 같은 위치에 노출된다.

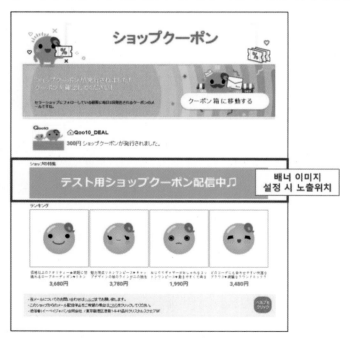

2) 고객보상 신청방법(셀러Shop에서 주문한 이력이 있는 고객에게 쿠폰 메시지 발송)

❶ 고객보상을 선택한다.

❷ 쿠폰선택을 클릭하면 "푸시프로모션"에서 만든 쿠폰이름을 확인할 수 있다.

❸ 엑셀 양식을 다운 후 셀러가 판매했던 고객들의 주문번호를 엑셀양식에 붙여넣는다.

❹ 주문번호를 업로드한다.

❺ 업로드 주문목록을 체크한다.

❻ 쿠폰 발송 메일 이미지를 "Upload"를 통해 별도로 제작 가능하다. 광고 배너 설정을 하지 않으면 미니샵 메인 이미지로 메일이 발송된다.

❼ "신청하기"를 클릭한다. 오늘 신청한 건은 내일 오전 쿠폰 메시지가 발송된다.

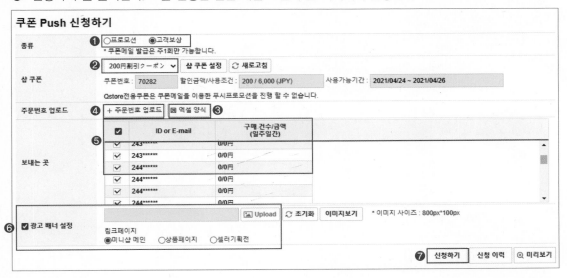

Excel Upload를 클릭하여 엑셀을 선택 후 "Upload File"클릭해서 엑셀 업로드를 완료한다.

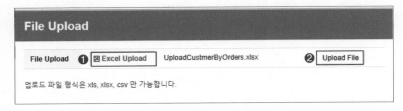

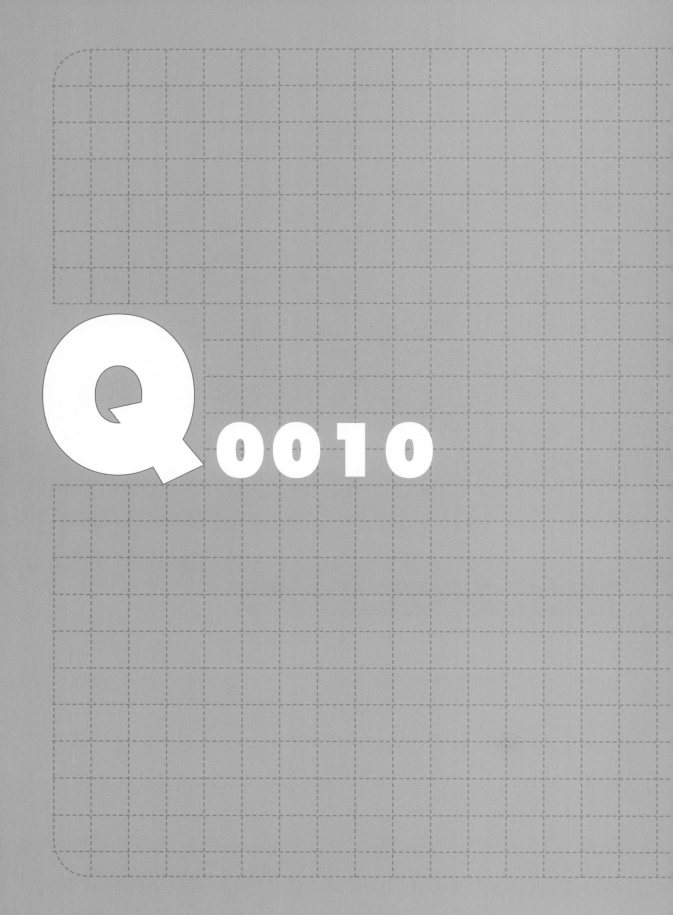

PART 07

판매 및 운영전략

01 _ 판매 및 운영 중 발생하는 문제점과 해결 방법 Q&A

Q Qoo10 ID는 양도가 가능한가요?

A 불가능합니다.

Q Qoo10 ID 2개를 운영하고 싶습니다.

A 가능합니다. 하지만 이메일과 ID는 다르게 가입해야 합니다.

Q Qoo10 탈퇴 후 다시 회원 가입하고 싶습니다.

A 가능합니다. 하지만 이메일과 ID는 이전과 다르게 가입해야 합니다.

Q Qoo10 ID 한 개로 여러 개의 컴퓨터에 로그인 가능한가요?

A 네 가능합니다.

Q 상품페이지에 있는 고객후기를 삭제하고 싶습니다.

A 판매자는 삭제 불가능합니다. 고객에게 요청하거나 QSM "Qoo10 문의하기"로 별도 요청해야 합니다.

Q Q 캐쉬를 환불 받고 싶습니다.

A 환불이 불가능합니다.

Q Q 캐쉬는 사용기한이 있나요?

A 사용기한은 없습니다.

Q 광고를 진행한 비용은 영수증처리가 가능한가요?

A 가능합니다. 영수증 발행 부분은 세금신고 부분을 참고해주세요.

Q 상품을 실제 발송하고 시스템에서 발송처리하려고 하는데 고객이 주문취소 요청을 했습니다.

A 우선 고객에게 안내해 "주문취소요청"을 취소해달라고 하시면 됩니다. 그래도 해결이 안 되는 경우는 QSM "Qoo10 문의하기"로 별도 요청해야 합니다.

Q 판매자가 실수로 주문취소를 했습니다.

A 한 번 취소된 주문은 복구가 어렵습니다. 고객에게 안내해서 재주문을 요청하셔야 합니다.

Q 상품페이지에 상품특성상 교환/환불이 어렵다고 안내했지만 고객이 일방적으로 반품요청을 했습니다.

A 고객에게 상품페이지에 공지된 내용을 다시 한 번 확인시켜주세요. 안내 후 반품요청을 취소해달라고 요청하시면 됩니다.

Q 고객이 반품요청을 했지만 상품이 반품 되고 있지 않습니다.

A 고객에게 답변기한을 두고 안내해야 합니다. 기한 내에 답변이 없는 경우 QSM "Qoo10 문의하기"로 별도 요청해야 합니다.

Q 수요일에 출금신청을 했는데 아직 통장에 입금 되지 않았습니다.

A 정산금 입금은 빠르면 목요일 오전이나 늦으면 오후 3시 안에 입금됩니다.

Q 정산 금액 환율기준은 어떻게 정해지나요?

A 한국은행의 환율 기준으로 송금됩니다.

Q Qxpress 물류센터에 상품을 보냈는데 아직 송장번호가 없습니다.

A 상품이 Qxpress 물량 창고에 입고되면 우선 자동으로 상품은 발송 처리됩니다. 그리고 다음날 송장번호가 입력됩니다.

Q Qxpress로 상품을 보냈으나 고객이 아직 상품을 수령하지 못했다고 합니다.

A Qxpress에 문의해보세요. 배송 중 분실 된 경우, 발송비용과 상품 판매가로 보상 받을 수 있습니다.

Q Qxpress에서 세금계산서를 발급 받았습니다. 부가세 환급 가능한가요?

A 불가능합니다. 해외 배송비에는 부가세가 없습니다.

Q 부가세 환급을 받으면 반드시 관세청에 수출신고를 해야하나요?

A 필수는 아닙니다. Qxpress에서 발행하는 배송 증빙자료만 제출하셔도 부과세 환급자료는 가능합니다.

02 _ 메가할인

Qoo10 Japan에서는 1년에 4번의 큰 할인 행사를 한다. 큐텐에서는 할인 행사기간 동안 구글, 야후, Youtube 등 행사광고를 적극 진행한다. 할인행사의 참여여부는 셀러의 선택사항입니다. 필자는 반드시 참여를 적극 권장한다. 필자는 메가할인 초창기부터 지금까지 참여하고 있는데 참여할 때 마다 평상시보다 매출이 2배 이상 올랐다.

1 _ 메가할인 쿠폰 개요

메가할인 프로 모션은 고객에게 100엔 이상 상품을 구매하면 20% 할인 쿠폰을 지급해준다. 20% 할인쿠폰은 "셀러부담 10% + Qoo10부담 10%"로 이루어졌다. 2021년 기준 6월 행사기준으로는 고객에게 총 9장의 쿠폰이 주어진다.

	쿠폰발행일&사용기간	발행 쿠폰 종류	발행 쿠폰 수
1 차	6/1 00:00 ~ 6/3 23:59	**20%쿠폰** (100엔이상 구매시, 최대 1만엔 할인)	3
2 차	6/4 00:00 ~ 6/6 23:59		3
3 차	* 발행기간 : 6/7 00:00 ~ 6/9 23:59 * 사용기한 : 6/7 00:00 ~ 6/10 AM2:00		3
총 쿠폰 수			9

◆ 출처– 메가할인 안내문

메가할인은 매년 참여자 수와 매출이 늘어나고 있다. 2021년 3월에는 일본 App Store 쇼핑카테고리에서 1위를 달성했다.

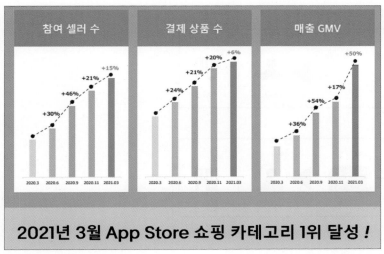

2021년 3월 App Store 쇼핑 카테고리 1위 달성!

◆ 출처 – 메가할인 안내문

메가할인 행사기간 동안 구매자의 86%가 할인 쿠폰을 사용했다. 구매자의 80%는 여성비율이 높았습니다.

◆ 출처 – 메가할인 안내문

2 _ 20% 할인 쿠폰 구성과 판매 정산금

메가할인에 따른 쿠폰 구성은 Qoo10 10% + 판매자 10% 부담 비율로 이루어진다. 자칫 계산의 어려움이 있을 수 있지만 크게 어려울 것은 없다. 평소 판매금액의 20% 할인 된 금액이 판매자의 정산금액이 된다. 한마디로 Qoo10이 10% 판매수수료를 면제해준 경우라고 생각한다. 예를 들어 1,000엔 상품을 판매한 경우, 큐텐의 10% 부담으로 판매수수료는 없고 셀러가 10%를 부담하기 때문에 800엔의 판매 정산금을 받게 된다.

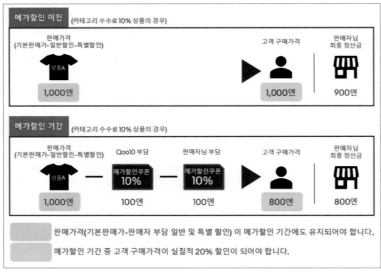

♦ 출처 – 메가할인 안내문

3 _ 메가할인 참가하기

1) 메가할인 참가 전 사전준비

메가할인기간 동안 갑자기 판매량이 늘어날 수 있기 때문에 사전점검을 하지 않으면 대량 주문취소나 클레임이 발생할 수 있다.

1 가격과 재고점검	2 상품 리스팅 정비
• 메인 상품의 가격 경쟁력을 확보해주세요. • 상품의 옵션 금액과 발행하는 셀러 샵 쿠폰 등을 다시 한번 점검해주세요. • 조기 품절되지 않도록 재고 확보 및 수량을 정확하게 입력해주세요.	• 간결하고 직관적인 상품명은 보다 높은 검색결과 노출에 도움이 됩니다. • 상품 상세 페이지의 설명을 정확하고 명료하게 작성하면 구매 전환이 향상됩니다. • 고해상도 및 다양한 컷의 상품 이미지를 준비해주세요.
3 광고 시너지	4 고객 리뷰 확보
• 프로모션기간동안 검색결과 페이지의 traffic이 급증합니다. 검색결과 페이지의 키워드 광고는 판매 효율을 극대화 하기 위한 최선의 선택입니다. • 성공적인 프로모션을 위해서 판매하고자 하는 상품들에 잘 반응하는 인기 키워드가 무엇인지 미리 테스트해보세요.	• 상품 리뷰는 고객의 구매결정에 매우 중요한 요소입니다. 프로모션 전에 다양한 상품리뷰를 확보해주세요. • 고객의 리뷰를 확인하고 만족도를 높이기 위해서 배송, 문의 답변 등 더 보완할 부분은 없는지 확인해주세요.

♦ 출처 – 메가할인 안내문

2) 메가할인 신청하기

❶ 프로모션 –〉❷ 메가할인 프로모션 –〉❸ 동의 확인 –〉❹ "저장"을 클릭하면 최종 신청이 완료된다. 화면 아래로 이동하면 메가할인행사에 참여할 상품을 선택할 수 있다.

◆ 출처 – 메가할인 안내문

❶ 상품검색을 한다.

❷ 메가할인에 참여할 상품을 체크한다.

❸ "제외취소" 버튼을 클릭하면 메가할인에 참여하게 된다.

❹ 메가할인에 참가하는 상품은 "Y"로 표시된다.

❺ 할인쿠폰이 적용되는 가격으로 고객에게 표시되는 상품이다.

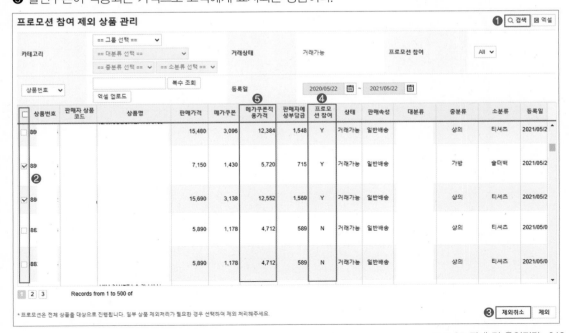

❶ 상품검색 후 1개를 선택한다.

❷ 메가할인 행사에 판매할 금액을 입력하고, "메가할인적용"에 체크한다.

❸ "계산"을 클릭하면 최종 판매 정산금을 확인할 수 있다. 하지만 해외 셀러는 추가 2%판매수수료가 있기 때문에 이 또한 생각해야 한다. 그래서 실질 판매 정산금은 2%를 제외한 금액을 정산받게 된다.

메가할인행사에 참여 신청은 했으나 가격 가이드라인에 부합되지 않아 할인이 제외된 상품을 검색할 수 있다. 가장 흔한 가이드라인 미준수는 메가할인 참가를 위해 평소 판매금액을 올린 경우가 많다. 한 번 할인에 제외되면 해당 상품페이지는 다시는 메가할인에 참여가 불가하다.

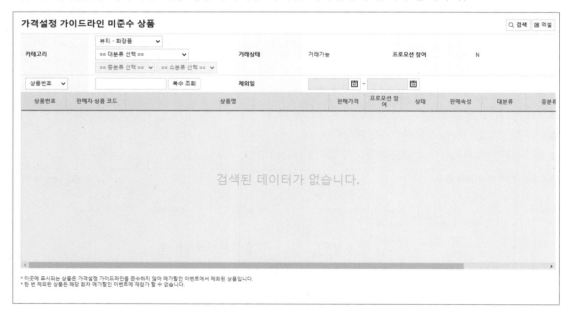

4 _ 메가할인 쿠폰적용과 가격 가이드라인

1) 쿠폰적용
- 공동구매가 설정된 상품은 메가할인 대상에서 제외된다.
- 셀러가 직접 설정한 타임세일/데일리 딜 상품은 메가할인 쿠폰 적용 가능하다.
- 셀러가 발행한 Shop 쿠폰은 메가할인 쿠폰가 중복 적용 가능하다.

2) 가격 가이드라인
메가할인에 참가하려면 큐텐의10% 부담으로 셀러는 평소 판매가격에 추가 10% 할인을 더해야 하기 때문에 셀러 입장에서는 부담이 될 수밖에 없다. 평소 마진이 좋은 상품은 가능하겠지만 그렇지 않은 상품은 참가 자체가 힘들 수 있다. 그래서 대부분 셀러가 메가할인 행사 전 판매금액을 올리는 경우가 있다. 이렇게 되면 별도의 연락 없이 행사 상품에서 자동으로 제외된다.

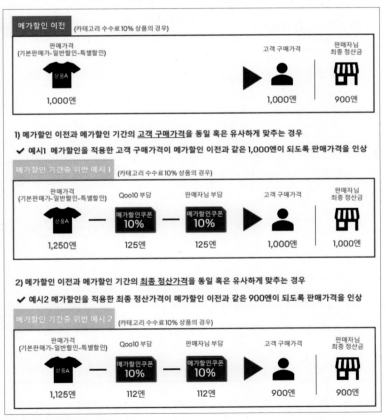

◆ 출처 – 메가할인 안내문

5 _ 메가 할인 정산데이터 확인하기

❶ 정산관리 – 〉 ❷ 판매진행내역 –〉 ❸ 프로모션 정산내역 탭을 클릭한다.

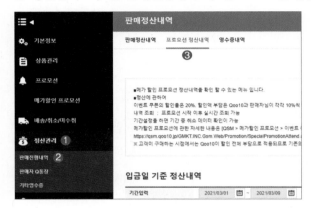

❶ 메가할인 행사기간을 선택 – 〉 ❷ 기간을 입력한다.

- 상품결제금 : 고객이 결제한 금액
- 체결가격 : 상품 판매가격
- 옵션금액 : 옵션 추가 금액
- 판매자 할인금액 : 메가할인 외에 판매자 설정한 할인 금액
- 메가할인쿠폰 : 메가할인 쿠폰사용을 할인된 금액
- 메가할인쿠폰 1/2 : 메가할인 쿠폰 금액 중 판매자 부담의 할인금액
- 미수금 확정일 : 실제 정산금에서 메가할인 금액이 차감된 다음 날짜

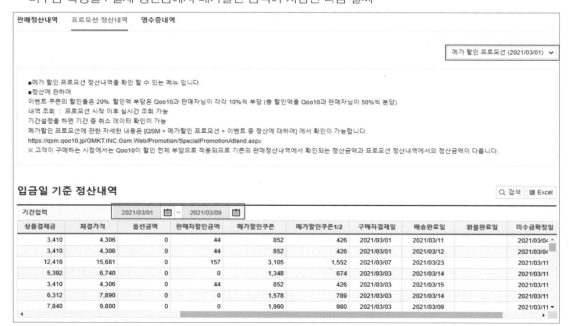

6 _ 메가할인 상품 노출

메가할인에 참여하게 되면 다음과 같이 할인 상품과 쿠폰 가격이 표시된다. 당연히 메가할인에 참여하지 않는 상품은 아무런 표시가 없다.

❶ 메가할인 쿠폰이 가능한 상품은 메인 이미지에 표시된다. Qoo10 고객들은 메가할인 쿠폰이 사용 가능한 상품을 쉽게 구분할 수 있다.

❷ 고객이 쿠폰을 사용했을 때 구매 가능한 금액이 직접적으로 표시된다.

상품페이지 안에도 확실하게 메가할인 쿠폰 마크와 가격을 확인할 수 있다.

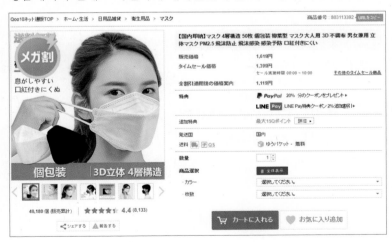

7 _ 메가할인 이용 중 가장 많이 궁금해 하는 항목들 Q & A

Q 메가할인 쿠폰은 메가할인 기간이 끝나도 사용 가능한가요?
A 불가능합니다. 메가할인 기간이 끝나면 쿠폰은 사용하지 못합니다.

Q 메가할인 참가 신청기간이 지났습니다. 추가로 상품신청이 가능한가요?
A 불가능합니다.

Q 메가할인 행사 중입니다. 메가할인이 적용된 상품을 제외하고 싶습니다.
A 시스템에서 제외신청은 불가능하나, 상품 판매가를 높이거나 상품상태를 거래대기로 설정하시면 됩니다.

Q 메가할인 신청 마감일에 등록한 상품이 메가할인 적용에서 제외되었습니다.
A 상품은 메가할인 마감일에 최종 거래가능으로 되어 있어야 합니다. 마감일에 상품이 검수대기 상태로 있었고 다음날 거래가능으로 설정되어 있었다면 메가할인 적용이 되지 않습니다.

Q 메가할인 기간 동안 가격을 제외한 상품수정이 가능한가요?
A 상시 수정 가능합니다.

Q 메가할인은 꼭 참가 해야 되나요?
A 메가할인 신청을 안하면 자동으로 참여되지 않습니다.

Q 메가할인 행사 중입니다. 판매가격을 잘 못 설정해서 손해보고 있습니다.
A 판매가격을 높일 경우, 메가할인 쿠폰은 적용 제외 됩니다.

03 _ Qoo10 MD 지원 정책

Qoo10 재팬에서는 MD 지원 정책이 있다. MD의 지원은 판매자의 매출 증대에 기본을 두고 있다. 하지만 누구나 지원 받을 수 있는 것은 아니다. MD 지원 요청은 Qoo10 판매자 문의 창구를 통해 가능하다.

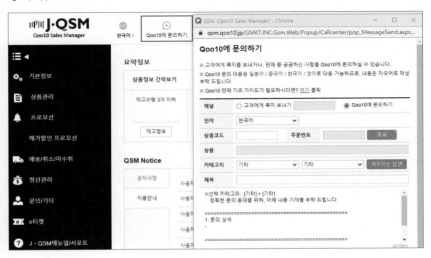

기본 MD 지원 조건

- QSM을 기본적으로 다룰 수 있는 셀러
- 상품이 다수 등록되어 있는 셀러
- Qoo10에서 적극적인 판매 의지가 있는 셀러
- 가격 경쟁력 있는 상품을 갖고 있는 셀러
- 상품재고가 어느 정도 확보되어 있는 셀러

MD 지원의 특징

- MD는 한국인이기 때문에 카톡이 이메일로 편하게 대화가 가능하다.
- 상품 카테고리별 MD가 지정되어 있다.
- 광고할 상품 제안
- MD 권한 쿠폰 및 광고 지원
- 판매가 부진한 경우 MD 지원이 중단될 수 있다.

04 _ 권한 설정으로 업무 효율화

처음 판매는 혼자 시작하는 것이 대부분이다. 국내 온라인 판매를 하다가 해외 판매를 시작하는 경우도 1~2 명의 담당자를 지정해서 시작하는 케이스가 많다. 처음에는 이렇게 작게 시작하다가 매출이 높아지면 1명이 모든 판매 활동을 감당하지 못하게 된다. 주문이 많아지게 되면 상품포장만 하다가 하루가 끝나고 고객CS는 밤 12시가 돼서야 끝나는 케이스도 많다. 주문이 많아지면 마냥 좋을 것 같지만 혼자서 감당할 수 없는 주문은 고통만 따를 뿐이다. 그래서 이를 극복하기 위해 알바나 직원을 채용하게 된다.

이렇게 채용된 직원에게 모든 권한이 있는 Qoo10 ID를 제공하는 경우, 사업자 입장에서는 여러모로 불안할 수 있다. 혹시나 직원이 잘 못 눌러 상품이 삭제되거나 주문이 삭제되는 케이스가 생기면 사업자 입장에서는 큰 피해를 볼 수밖에 없다. 이럴 때 각각 업무에 맞는 권한만 부여해서 사전에 사고를 방지하고 업무를 효율화시킬 수 있다.

1 _ 권한 설정하기

권한 설정은 사업자가 Primary ID(메인 아이디)를 설정 후 Sub ID를 만들어 직원이나 관계 업체에게 전달한다.

❶ 기본 정보 –〉 ❷ QSM 메뉴권한 –〉 ❸ 관리자(공유사용자)권한 탭을 클릭한다.

◆ 그림 4–1

❶ 사용 -> ❷ 메인사용자 ID를 입력한다. 여기서 사용하는 ID는 원래 QSM에 로그인하는 ID와는 다르게 입력해야 한다. Primary ID는 사장이나 최종권한자만 알고 있어야 한다. -> ❸"수정"을 클릭한다.

❶ Sub ID, 성명, 전화번호, 메모 등에 입력한다.
❷ "추가" 버튼을 클릭한다.
❸ ID가 만들어지면 권한을 설정할 ID를 클릭한다.
❹ 부여할 권할을 체크한다.
❺ "추가"를 클릭하면 권한이 부여 설정이 완료된다. 이후 Sub ID를 직원에게 알려주면 된다.

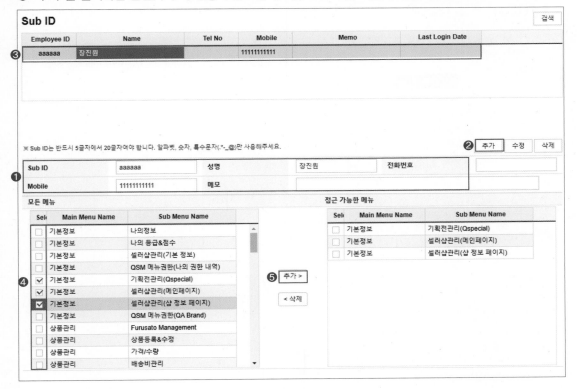

권한 설정 후 처음 QSM 로그인은 동일하다. 기존 QSM ID와 비밀번호를 넣고 로그인한다.

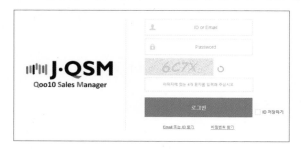

QSM 로그인하면 다음과 같이 다시 창이 나타난다. 앞에 설정한 Primary ID나 Sub ID를 입력한다. Sub ID로 로그인하면 모든 메뉴가 보이지만 실제 권한을 부여한 메뉴 외에는 접근이 불가하다.

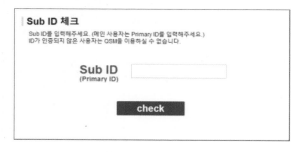

05 _ 매출 증대를 위한 셀러샵 관리

Qoo10에 상품을 등록하면 개인 셀러의 스토어가 생긴다. 이 셀러 스토어에는 판매자가 등록한 상품만 보여지게 된다. Qoo10 고객들은 단순 상품만 보고 가는 것이 아니라 해당 셀러 스토어의 상품들을 보고 판매자를 신뢰하거나 추가 상품을 구매하게 된다. 그래서 초보 셀러의 상품이 판매가 안 되는 이유 중에 하나가 셀러 스토어의 상품 수가 적거나 판매된 이력이 없는 상품이 많으면 고객들은 상품구매를 주저하게 되는 것이다. 반대로 판매 이력이 많은 상품을 갖고 있는 셀러의 스토어에는 구매가 더 일어날 확률인 높다는 것이다.

다음은 초보 셀러와 파워 셀러의 스토어를 비교한 사례이다.

❶ 초보 셀러의 스토어 – 고객의 상품 후기가 거의 없다.

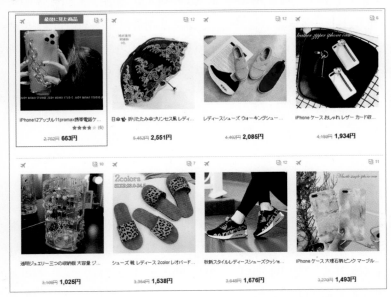

❷ 파워 셀러의 스토어 – 상품에 많은 상품 후기가 쌓여 있다. 고객은 상품의 많은 후기를 보고 판매자를 신뢰할 수밖에 없다.

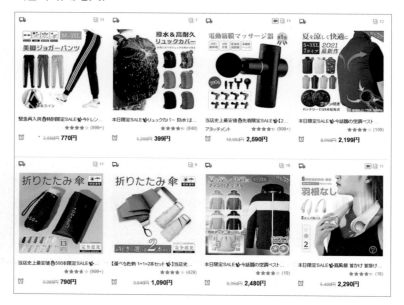

셀러의 스토어만 잘 관리해도 고객에게 추가 구매를 유도할 수 있다. 하지만 상품수가 적다면 셀러샵 관리는 의미가 없다. 상품 카테고리나 브랜드를 나눌 수 있을 정도의 상품이 등록되어 있다면 셀러샵을 꾸밀 수 있다. 이 부분에서는 모든 것을 설명하기 보다는 판매자에게 가장 효율적이고 효과적인 부분만 설명하도록 하겠다. 너무 많은 설정은 난잡한 화면 구성의 스토어로 만들 수 있다.

1 _ 기본 정보

❶ 기본 정보 –〉 ❷ 셀러샵 관리 –〉 ❸ 기본 정보 –〉 ❹ 셀러샵명과 주소는 회원 가입하면서 설정이 되어 있을 것이다. 셀러샵 소개 부분에 일본어로 판매자 스토어에 대한 소개와 인사말을 작성한다. 고객에게 노출되는 부분이니 신중하게 작성해야 한다. 무엇을 써야 할지 모른다면 다른 셀러의 글을 참고 해보면 좋다. –〉 ❺ 저장을 클릭한다.

❶ 스토어 로고가 보이는 부분이다. 이 부분은 반드시 만들어서 업로드하길 추천한다. 로고를 무료로 만들 수 있는 사이트도 있으니 이를 활용하면 어렵지 않게 스토어 로고를 만들 수 있다. 220 * 220 pix 이미지 사이즈를 준수해야 한다.

❷ "저장"을 클릭한다.

❸ 스토어 로고 바로 옆에 노출되는 이미지이다. 모바일과 PC 버전 이미지가 있으니 같은 이미지를 사이즈 만 줄여서 등록한다. 역시 이미지는 권장사이즈를 준수해야 한다.

❹ "저장"을 클릭한다.

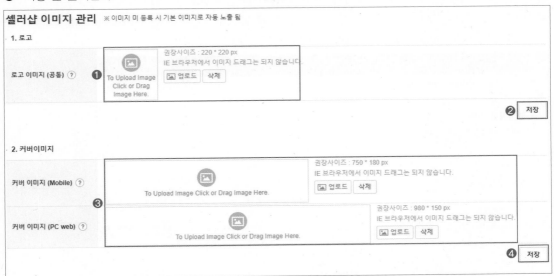

이미지를 업로드하면 다음과 같이 노출된다.

❶ 로고 이미지

❷ 커버 이미지

2 _ 메인

❶ "메인" 탭을 클릭한다.

❷ 여러 테플릿이 있다. 여기서는 판매자가 꾸밀 수 있는 기본템플릿을 선택했다.

❸ 표시방식을 모두 "ON"으로 설정한다. "HTML 편집"을 클릭하면 상품등록 하듯이 이미지를 업로드하고 링크도 걸 수 있다. Mobile과 PC 버전이 있으니 각각 등록해야 한다.

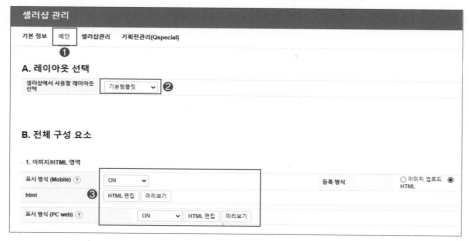

위와 같이 이미지를 등록하면 다음과 같이 노출된다.

❶ "ON"을 선택한다. "주목 상품 설정"을 클릭 후, 팝업 창에서 상품 카테고리 설정 후 노출할 상품을 선택한다. PC 버전도 이와 같이 설정한다.

❷ 권장사이즈로 이미지를 넣으면 "注目商品 (주목상품)"란에 대표 이미지가 등록된다.

❸ 갤러리 4를 선택하면 한 줄에 상품이 4개씩 노출된다.

위와 같이 이미지를 등록하면 다음과 같이 노출된다. 注目商品(주목상품) 목록으로 노출되면 일반 상품보다 상위에 노출된다. "갤러리 5"를 선택하면 다음과 같이 한 줄에 5개씩 상품이 노출된다.

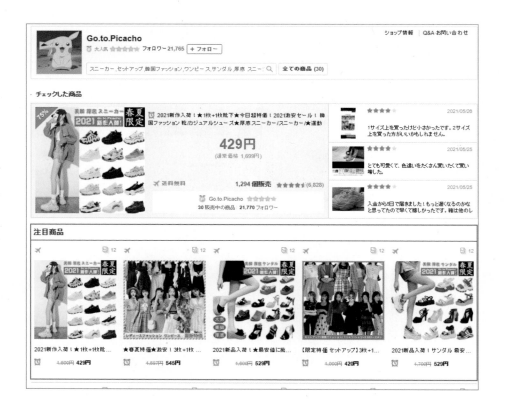

이하 메뉴는 앞에 설명한 설정과 크게 다르지 않기 때문에 중복설정이 된다. 셀럽샵에 많은 설정은 스토어를 지저분하게 할 수 있다. 위에 설명한 부분만 설정해도 판매자가 판매하고자 하는 상품을 스토어에 충분히 노출할 수 있다. 최종 "저장" 버튼을 클릭해서 모든 설정을 마무리된다.

3 _ 셀러샵 관리(모바일 버전에서만 노출)

❶ "셀러샵 관리"클릭 ─〉 ❷ "ON" 설정 후 일본어로 공지사항 입력─〉 ❸ 각 정보를 입력한다.

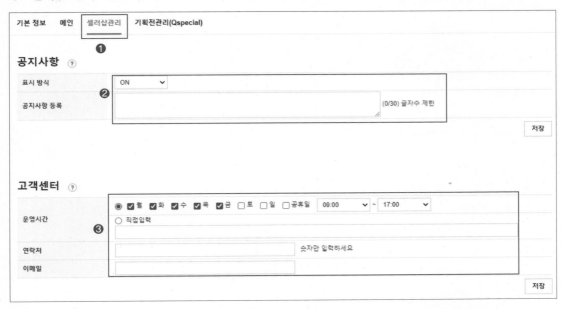

❶ 고객에게 더 상세히 안내할 사항을 입력한다. 예문은 한글로 되어 있지만 일본어로 입력해야 한다.
❷ "저장" 버튼을 클릭하면 모든 설정이 완료된다.

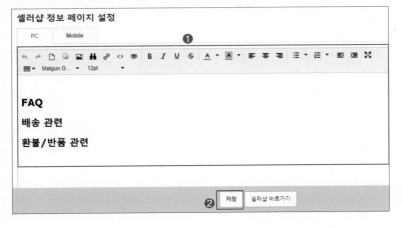

위와 같이 셀러샵 관리에 내용을 입력하면 모바일에서 다음과 같이 노출된다.

♦ 출처 QOO 10 안내문

06_ 일반 상품 / 예약 상품 활용하기

판매자가 처음부터 상품재고를 갖고 시작한다면 크게 무리될 것이 없다. 하지만 필자를 포함해서 거의 모든 셀러는 자신이 판매하는 모든 상품의 재고를 갖추고 판매하기는 역부족이다. 공급업체에서 상품을 바로 배송한다면 3일 안에 발송이 가능하지만, 그렇지 않은 업체도 다소 많다. 상품을 계속 배송 지연으로 둘 수도 없는 상황이다. 또한 배송지연으로 두면 서비스 포인트는 차감된다. 그렇다면 이런 업체의 상품은 어떻게 진행해야 할까? 상품을 계속 배송 지연으로 둘 수도 없는 상황이다. 이런 상황에서는 "일반발송"과 "예약발송(4일 이상)" 설정을 추천한다.

"일반발송"은 최대 3일 이내 설정이 가능하고, 예약발송(4일 이상)은 14일 이내 상품 발송 설정이 가능하다. 한 마디로 예약발송(4일 이상)상품은 14일 안에 상품을 발송처리 하면 되기 때문에 아무래도 상품 준비기간에 있어 상당한 여유가 있다.

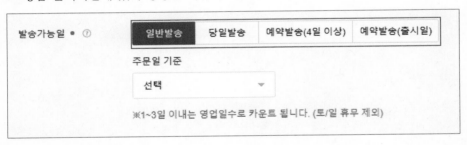

이렇게 상품준비일 설정으로 판매하다가 상품 판매가 잘 이루어진다면, 제품 재고를 두고 발송가능일을 "일반배송(3일 이내)"으로 설정하는 것을 추천한다. 계속 상품을 예약상품으로 설정해서 판매한다면 판매자에게는 여러 불리한 부분이 있다.

상품준비일 설정 단점

- 상품페이지에 배송준비기간이 14일로 표시되어 빠른 배송을 원하는 고객의 구매전환율이 떨어질 수 있다.
- 추가 수수료 1%를 판매자가 부담해야 한다.
- 준비기간이 14일로 설정되어있지만, 상품이 빨리 도착해 2일 안에 상품을 보내도 배송서비스 관련 포인트는 부여 되지 않는다.

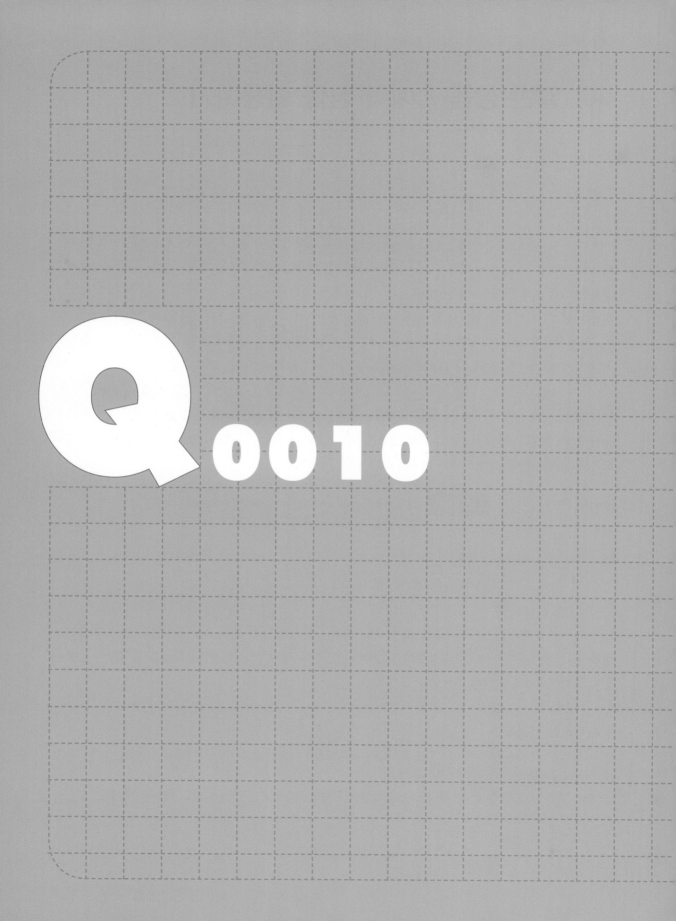

PART 08

세금신고 및
부가세 환급받기

01 _ 매출금액 확인하기

해외 온라인 판매자는 세금신고를 잘 준비할수록 이익이 늘어나는 구조다. 국내 판매자들은 상상도 할 수 없는 부가세 환급금액을 받을 수 있기 때문이다. 세금신고는 일반 사업자인 경우 통상 매년 7 월과 1월 진행된다. 하지만 일반사업자가 매출액이 높은 경우 법인과 같이 4월, 7월, 10월, 1월 총 4 번의 부가세 신고도 가능하다. 자료제출 형식은 일반사업자와 법인이 동일하다.

1 _ 매출자료 캡처하기

QSM(셀러 판매 관리 프로그램)에서 ❶ 정산관리-〉 ❷ 판매진행 내역을 클릭한다. ❸ 배송완료일 탭을 선택한다. ❹ 기간입력은 매월 1일부터~ 말일로 설정한다. 1개월씩 조회 후 자료를 제출해야 평균엔화로 매출금액을 산정할 수 있다.

판매 내역 후 다음과 같이 화면 캡쳐를 한다. 화면 캡쳐는 알 캡쳐나 네이버 캡쳐를 사용한다.

화면 아래를 부분을 보면 판매 상세 내역을 확인할 수 있다. ❶ 검색을 누르면 판매 정산된 내역을
❷ 엑셀로 다운 받을 수 있다. 이 자료도 함께 세무신고시 자료 제출을 한다.

구매자결제일	발생사유	주문번호	정산금액	정산예정일	정산완료일	상품코드	상품명	수량
2021/03/02	취소	577189590	-5,125	2021/03/11	2021/03/10			
2021/01/30	주문	585602593	3,346	2021/03/18	2021/03/17			
2021/02/09	주문	587331577	3,733	2021/03/18	2021/03/10			
2021/02/05	주문	587379479	2,567	2021/03/18	2021/03/17			
2021/02/10	주문	587452760	3,828	2021/03/18	2021/03/17			
2021/02/06	주문	587565925	2,515	2021/03/11	2021/03/10			
2021/02/08	주문	587720389	4,028	2021/03/18	2021/03/17			

2 _ 광고비 구매 영수증(Q캐시 구매 영수증)

Q캐시 영수증은 부가 세신고 때 제출하는 자료가 아니라 매년 5월에 진행되는 종합소득세 때 제출하는 자료이다. 하지만 미리 자료를 준비해두면 종합소득세 신고 때 편리하다. ❶ 정산관리 - 〉 ❷ 기타영수증을 클릭한다. Q캐쉬 영수증에서 ❸ 발행월을 선택하고 ❹ 검색을 클릭한다. 이후 ❺ 영수증 내역부분을 클릭 후 ❻ 영수증보기를 클릭한다.

매월조회에서 다음과 같은 영수증을 인쇄하거나 화면 캡처를 한다.

02 _ 해외 배송 증빙자료 및 Qxpress 세금계산서

해외로 상품을 배송했다는 증빙자료가 필요하다. Qxpress 외 다른 해외 배송사를 이용하는 경우에도 해외 배송 증빙자료를 요구하면 자료를 받을 수 있다. 큐익스프레스는 다음과 같이 진행한다.

1 _ 해외 배송 증빙자료 받기

❶ 배송/취소/미수취 -> ❷ 집하센터 배송을 클릭한다. ❸ 영세율 증빙 탭을 선택하고, 조회하고자 하는 ❹ 분기를 선택한다. ❺ 조회를 클릭하여 배송된 내역을 엑셀로 다운 받는다. 사업자 등록정보가 정확히 입력되어 있는지 체크해본다. 그 다음 ❻ 해외 배송 증빙을 클릭한다.

"해외 배송 증빙"을 클릭해서 나온 화면을 프린트하거나 화면 캡처를 한다.

2 _ Qxpress 세금 계산서 발행

해외 배송이용 대한 세금계산서에는 부가세가 없다. 그래서 영세율 세금계산서로 발행된다. Qxpress는 ❶ 정산관리-〉 ❷ 기타영수증 클릭 후 ❸ Qxpress KR 세금 계산서 탭을 선택 후 사업자 정보를 입력하면 매월 세금 계산서를 발행해준다.

1) Fedex, DHL, UPS 등 해외특송을 이용한 경우

해외특송업체는 세금계산서를 발행하지 않는다. 그래서 해당 업체에서 보내오는 종이 영수증이나 해당업체의 홈페이지에서 발송내역을 다운 받아 제출한다.

2) 우체국을 이용한 경우

우체국도 세금계산서를 발행하지 않는다. 우체국을 계약해서 사용하는 경우는 우체국 온라인 사이트에서 해외발송내역을 다운 받으면 된다. 계약하지 않고 우체국에 방문하여 상품을 보낸 경우는 우체국 발송 영수증을 건마다 챙기면 된다.

03 _ 부가세신고와 종합소득세

1 _ 큐텐 판매자에게 유리한 세금 신고 방법

사업자를 내고 사업을 하면 필히 부가세 신고와 종합소득세 신고를 해야 한다. 부가세 신고는 일반 사업자인 경우 1년에 두 번(1월, 7월)신고하고, 법인인 경우 1년에 네 번(3월, 6월, 9월, 12월)을 신고하게 된다. 종합소득세 신고는 매년 1번(5월)에 신고하게 되는데 만약에 2021년 종합소득세 신고는 2020년 1~12월의 소득 금액을 기준으로 신고하는 것이다. 국내 사업자라면 부가세를 납부해야 하지만 해외 온라인 셀러는 해외로 수출했기 때문에 부가세를 환급받는다. 그렇기 때문에 세금 신고를 적극적으로 하는 것이 큐텐 판매자에게는 유리하다.

※ 부가세 환급은 일반이나 법인 사업자만 가능하다. 간이과세자는 부가세 환급을 받을 수 없다.

부가세신고는 매출금액이 적은 경우 사업자 혼자 신고해야 하지만 일정매출금액이 넘어가면 반드시 세무서를 이용해야 한다. 자세한 사항은 가까운 세무서에 문의해도 쉽게 알 수 있다.

세무신고를 위해서는 홈텍스 사이트에 회원 가입을 해야 한다. 국내 매출액 신고는 혼자서 가능하지만 해외 온라인 판매 매출액 및 기타 증빙은 조금 복잡하다. 그래서 세무신고를 한다면 가급적 세무서를 이용해서 신청하는 것을 권장한다.

※ 앞에 설명한 자료 외에 추가 자료를 요구할 수 있다. 판매하는 상품과 지역 세무서에 따라 조금씩 요구하는 자료가 다를 수 있으니 참고 하길 바란다.

1) 부가세 환급을 위한 제품 구입내역

국내에서 제품을 구입해 해외로 판매했다면 부가세 환급을 받을 수 있다. 하지만 반드시 상품구입 내역을 제출해야 한다. 가장 확실한 매입내역은 전자 세금계산서와 신용카드 내역이다. 이는 홈텍스에서 확인 가능하기 때문이다. 종이 세금계산서 또한 증빙 가능하다. 하지만 이외에 통장 거래내역이나 일반 영수증은 부가세 환급을 받을 수 없다.

※ 간이 과세자 사업자에게 구입한 신용 카드내역은 부가세 환급 대상이 아니다.

2) 사업자 카드 등록

홈텍스에 미리 사업에 사용할 신용카드를 등록해 놓으면 세무신고 때 편리하다. 대표자 명의의 개인 신용카드도 등록 가능하다. 법인카드는 별도 등록절차 없이 자동으로 홈텍스에 등록 된다.

❶ 조회/발급 –〉 ❷ 사업신용카드

04 _ 고비즈 코리아

필자가 온라인 수출을 시작했을 때만해도 관련 정보도 없었고 정부 지원도 없었다. 물론 당시에는 진행하는 사업자도 많지 않았고 정부에서는 국내 온라인 마켓에 대해서도 별다른 지원 정책은 없었다. 하지만 현재는 해외 온라인 수출업을 지원하는 여러 정책들이 나오고 있다. 그 중 GobizKOREA에서는 해외 온라인 수출업에 대해 많은 지원과 정보를 제공하고 있다. 고비즈 코리아는 중소기업청과 중소기업진흥공단이 운영하고 있는 중소기업 무역포탈 사이트이다. 고비즈 코리아는 네이버에서 "고비즈"라고 검색하면 쉽게 찾을 수 있다.

- https://kr.gobizkorea.com/

고비즈 코리아에서는 최근 코로나로 인한 해외운송 보전사업으로 배송비 지원 사업을 하기도 했다. 이외에도 교육 및 컨설팅 사업 등 많은 지원 사업을 진행하고 있다. 온라인 수출 판매자라면 반드시 회원 가입을 통해 각종 지원정책에 관한 정보를 얻을 수 있다.

마케팅 서비스 탭으로 이동하면 글로벌 전자상거래 동향과 같은 각종 정보를 얻을 수 있다.

PART 09

10년 선배가 조언하는
매출성공 및 실폐 사례

01 _ 메가할인 시즌을 준비하면 매출 2배 상승

Qoo10 재팬 판매자가 절대 놓치면 안 되는 행사가 메가할인 행사이다. 1년에 총 4번(3월, 6월, 9월, 12월) 실시한다. Qoo10에서 메가할인 행사를 시작한지 몇 년 안 되었지만 매년 규모가 커지는 것이 필자가 느낄 정도이다. 실제 필자의 매출도 평소대비 메가할인 행사기간동안 2배의 매출이 늘어나고 있다. 메가할인의 최대 장점 중 하나가 평소 잘 팔리는 상품을 더욱 잘 팔리게 하는 효과 때문이다. 당연히 평소보다 10% 할인을 해서 마진이 조금 줄지만 충분히 판매 수량으로 커버가 가능하다.

필자가 팔던 A상품은 마진 10,000 원으로 하루에 7~10개정도 판매 정도였다. 이러한 상품이 메가할인 행사기간(약 9일) 동안은 마진이 6,000 원 정도 줄었지만 하루에 27~30개까지 팔렸다.

또 하나의 장점 중 하나가 평소 팔리지 않았던 상품이 팔리게 된다. 고객들이 평소 비싸다고 느꼈던 상품이 할인폭이 커지면서 상품이 팔리게 되는 것이다. 판매자 입장에서는 숨은 보석을 찾은 느낌이다. 이렇게 찾은 보석은 공급만 원활하다면 지속적으로 판매 될 확률이 높다. 또한 해당상품은 앞으로 계속 있을 메가할인 행사에 참여해 지속적인 매출을 만들어 낼 수 있다.

필자의 경험을 말하자면 평소 하루에 0~1개 팔리던 B 상품이 메가할인으로 하루에 5~6개 정도 팔렸다. 메가할인 행사가 끝나고 판매가가 올라갔지만 상품은 하루에 3~4개씩 팔리기 시작했다. 이유를 찾아보니 메가할인 기간에 구매했던 고객들인 B상품에 좋은 상품후기를 남기면서 B상품은 효자상품으로 바뀌었다. 필자는 B 아이템을 다음 메가할인에 참가시켜 상품후기를 더 쌓을 계획이다.

하지만 처음 메가할인 참가라면 수월하지 않을 것이다. 갑자기 판매가 되었지만 재고확보가 되지 않아 기회를 놓지는 경우도 있다. 또한 메가할인 행사 정책에 대해 이해도가 떨어져 메가할인 행사에 참여 설정을 놓치는 상품도 많다. 메가할인 신청은 한 달 전에 가능하다. 그렇기 때문에 신청기간 동안 상품의 참가여부를 확인하거나 재고확보에 힘써야 한다.

02 _ 5년 동안 계속 팔리는 아이템(월세 아이템)

해외 마켓에서 오래 판매를 하면 매출이 늘어나는 구조이다. 당연히 새로운 아이템 발굴과 신속한 배송 서비스가 이루어져야 한다. 모든 마켓이 그렇듯이 Qoo10에서 오래 판매하면 고객의 신뢰가 쌓이게 된다. 그렇다면 그 신뢰감은 어디서 볼 수 있을까? 여러 요소 중 가장 흔히 볼 수 있는 게 상품 후기이다. 상품 후기는 곧 상품에 대한 신뢰이다.

필자는 한국에서 판매되고 있는 생활용품 중 A상품을 2015년부터 판매하기 시작했다. 당연히 3개월 이상 판매가 되지 않다가 어느 순간 일주일에 1개씩 팔리기 시작했다. 후기가 2개 이상 쌓이게 되더니 이때부터는 하루에 1개씩 판매가 되기 시작했다. A상품이 왜 팔리나 분석해 보니 일본에도 A와 같은 상품이 있지만 디자인이나 성능면에서 많이 부족해 보이는데 한국 보다 2배 이상 비싸게 판매되고 있었다. 이 A상품은 한국에서도 흔하게 볼 수 있는 저렴한 상품이었다.

A 상품은 점점 상품후기가 쌓이면서 5년이 넘는 지금까지 판매가 되고 있다. 필자는 이런 아이템을 주택 월세처럼 꼬박꼬박 수익을 낸다하여 "월세 아이템"이라고 지칭하고 있다. A 상품은 마진 5,000원으로 매월 100개 이상 된다. 필자에게는 일반 오피스텔 월세와 같이 매월 50만 원 이상의 수익을 안겨주고 있다. 상품 후기가 쌓이면 경쟁업체가 판매가격을 내려 상품을 등록해도 크게 영향을 받지 않는다. 이는 국내 온라인 마켓과도 같은 현상이다.

03 _ 일본 시즌을 준비하자

일본은 1년을 기준으로 주요 행사를 잘 챙기는 편이다. 그래서 행사가 진행되는 기간에는 특정 상품의 매출이 급격하게 상승하는 경우가 많다. 그래서 기간이 지나면 매출 또한 급격하게 줄어버린다. 평소 Qoo10을 시즌 준비 없이 판매했다면 올해 시즌준비에 조금만 신경써도 작년 대비 매출은 무조건 늘게 되어 있다. 일본의 행사표를 숙지해서 Qoo10 고객의 구매 패턴을 읽을 필요가 있다.

연말 시즌은 국내도 그렇지만 일본도 매출이 높은 시즌이다. 특히나 일본마켓에 있어서는 큰 시즌이기도 한다. 당연히 크리스마스 시즌 때문이기도 하지만 1월 1일 때문이다. 일본은 대한민국과 달리 1월 1일 신정을 새기 때문이다. 그래서 새해 선물을 위해 많은 구매를 점점 온라인으로 진행하고 있다. 필자는 그래서 연말에 선물하기 좋은 상품을 기획한다. 선물하기 좋은 상품이란 한국에서 판매되는 상품과 비슷하다고 생각하면 된다. 앞에서 설명했듯이 스토어를 연말 상품으로 잘 꾸며도 매출 상승으로 이어질 수 있다. 또한 12월 메가할인과도 겹치는 시기라 Qoo10 판매자에게 있어 가장 매출이 높은 시기이기도 하다.

Qoo10 재팬 시즌 판매 캘린더		
날짜	행사내용	주요 판매 아이템
1월1일 (신정)	일본은 1월1일을 신정으로 지낸다. 보통 2일까지 휴무이다.	Lucky Boxes, 겨울 세일 시즌
1월 8일	매년 1월 두 번째 월요일. 지난해에 20살 된 사람들을 대상으로 성년이 된 것을 기념한다.	성년의 날에 맞는 아이템, 화장품, 지갑 등등
2월14일	발렌타인데이	초코릿, 지갑, 향수, 포장지, 액세서리, 카드, 선물포장
3월~ 6월	꽃가루 시즌, 이사시즌, 입사, 입학, 졸업	마스크, 안경, 고글, 살균용품, 인테리오, 주방용품, 집청소용품, 정장, 카메라, 메모리 카드
4월 1일	일본에서는 4월에 새학기가 시작된다.	학용품, 문구류, 학생가방, 카메라/비디오
3월~ 4월	일본의 벚꽃놀이 기간	피크닉 소품, 휴대용 의자, 파티용품, 돗자리, 도시락
4월 28일 ~ 5월 6일	골든 위크-대부분 이 기간에 여행을 간다	여행용품, 배낭, 수영복, 썬그라스
5월 5일	남자어린이날	어린이 장난감
5월 13일	어머니의 날	꽃, 카드, 초코릿 간식, 화장품 등
6월 17일	아버지의 날	양말, 향수, 지갑, 가방 등

6월 ～ 8월	장마시즌	제습기, 우산, 장화, 썬블럭 상품, 선글라스, 비치타월, 튜브, 슬리퍼, 수영복, 바비큐 용품 등
7월 16일	바다의 날 – 7월 셋 째주 월요일, 이시기에 방학을 시작하고, 바다로 여행을 떠난다.	비치타월, 튜브, 슬리퍼, 수영복, 바비큐 용품 등
8월 11일	산의 날 – 산에 대해 모든 것을 기르기 위한 날	백팩, 등산복, 등산화, 아웃도어 용품 등
8월 13일 ～ 16일	오본 – 양력 8월 15일 종상에 대한 제례행사로 일본 최대의 명절	여행용품
실버위크	3일 연속 공휴일로 총 5일 연휴	여행 용품
9월 17일	경로의 날	노인분들을 위한 선물
9월 ～ 10월	학교 스포츠 데이 시즌–학생들의 여러 스포츠 경기에 참여하는 행사	어린이용 스포츠 신발, 카메라, 메모리 카드
10월8일	1964년 도쿄 하계 올림픽을 기념하기 위한 날	스포츠 용품
10월 31일	오래된 행사이며 다양한 연령층이 행사에 참여한다.	코스튬 복장, 가면, 액세서리, 가발, 파티용품 등
10월 ～ 12월	단풍놀이 시즌	백팩, 트레킹, 아웃도어, 여행용품 등등
11월 15일	시치-고-산(7-5-3) – 3살, 5살 남자아이와 3살, 7살 여자의 성장을 감사하고 축하하는 행사	아동복, 장난감, 메모리카드 등등
11월 29일～ 12월 25일	크리스마스 시즌	크리스마스 용품, 캘린더, 선물용품, 다이어리 등등
12월 ～ 다음해 3월	스키, 스노운 시즌, 겨울철	제습기, 마스크, 세정제, 속옷, 부츠, 장갑, 방한용품 등
12월 중순 ～ 12월 말	연말 집 청소 시즌 – 일본에서는 신년맞이를 위해 집안 대청소를 한다.	집안 청소 용품

♦ 일본판 시즌

04 _ 이런 분들에게 네이버 스마트 스토어 추천

❶ 해외 마켓은 경쟁자가 너무 많다

해외 마켓을 시작하려고 하거나, 계획하는 분 중 대부분의 사람들은 한 목소리로 해외 마켓은 이미 경쟁자가 너무 많다고 얘기한다. 스마트 스토어에서 경쟁자를 한 번 찾아보라. 어디가 경쟁자가 많을까? 해외 마켓에서 경쟁자를 한 번 세어보아라. 패션 카테고리와 화장품류 쪽이 그나마 경쟁자가 많은데 몇몇 제품을 빼고는 다른 상품들에게는 경쟁자가 10명이 되지 않는다. 심지어는 70% 이상의 상품은 경쟁자가 2~4명 정도 있는 것도 무지 많다. 이것도 경쟁자가 많다고 하면 네이버 스마트 스토어를 추천한다.

❷ 해외 마켓에 이미 많은 상품이 판매되고 있다

이제는 해외 마켓에 판매할 상품이 없다고 한다. 많은 셀러들이 이미 많은 한국 상품을 등록했다는 논리다. 자 그러면 이렇게 말씀하시는 분들은 한국에서 판매 되는 모든 상품에 대해 알고 있을까? 모든 한국 상품을 다루고 판매해 보았을까? 해외 마켓에 대해 지식과 경험이 없으니 특정 상품만 보고 해외 마켓에 대해 한정 짓는 경우가 많다. 대부분 한국 화장품만 보고 그렇게 얘기하는 경우가 많다. 뉴스나 인터넷 매스컴을 통해서 아는 것이 한국 화장품만 알기 때문에 저런 소리가 나오는 것이다. 현재 해외 마켓 판매하시는 판매자들은 알고 있다. 정말 다양한 상품이 팔리고 있다는 것을.......... 심지어 한국에서는 법적 규제 및 허가 때문에 판매하기 어려운 상품을 해외 마켓에서는 아무런 규제 없이 판매할 수 있다는 것을..........

❸ 해외 배송은 어렵다

해외 배송은 배송비도 비싸고 통관 절차도 까다롭다는 생각을 갖기 십상이다. 사실 맞는 말이다. 상품의 무게마다 배송비가 다르고, 통관 시 상품명을 잘 못 쓰는 경우 관세가 발생 할 수도 있다. 하지만 한 번이라도 해외 배송을 해봤다면 아예 못 보낼 정도는 아니라는 것을 알게 될 것이다. 필자 같은 경우 연말에는 하루에 몇 백건씩 보내도 문제가 없으니 배송에는 큰 문제는 없다고 볼 수 있다. 해외 배송은 국내 택배 배송보다 변수가 많다. 변수가 많다는 얘기는 판매자에게 있어 여러 전략을 만들 수 있다는 말과 같다. 국내 택배는 배송비 범위가 기껏해야 1,600~2,500원 사이이다. 하지만 일본 배송비는 4,000원부터 시작해서 100g당 1000원 이상씩 차이가 난다. 또한 이러한 상황은 판매자에게 있어 상품 가격이나 포장 방법에 따라 판매가격이 많이 달라진다는 말과 같다. 그렇기 때문에 셀러가 아무리 좋은 도매가를 받아 온다고 해도 배송비를 비싸게 책정하게 되면 오히려 소매가로 구매한 셀러보다 판매가가 더 저렴할 수 있다.

네이버 스마트 스토어 쉽게 접근이 가능하고 운영도 손쉽지만, 필자의 생각은 오히려 해외 마켓 보다 치열한 시장이라고 생각한다. 필자는 솔직히 네이버 스마트 스토어를 지금 시작해도 현재 해외 마켓 매출을 절대 못 만든다. 각종 규제 때문에 국내 마켓에 판매하지 못하는 상품들도 많고, 여러 업체와의 계약관계가 해외판매만 한다는 조건하에 상품을 공급받고 있기 때문이다. 어느 시장 좋다고 비교하는 자체가 무의미 할 수 있다. 하지만 해외 마켓이라고 해서 단순히 어렵다고 시도조차 하지 않는 것은 큰 기회를 놓치는 것임은 분명하다.

05 _ 초보 셀러가 범하기 쉬운 실수

이제 막 시작하는 Qoo10 판매자라면 열정으로 똘똘 뭉쳐 있을 것이다. 또한 온라인 판매 창업은 오프라인 창업보다 비용자체가 비교도 안 되게 적기 때문에 창업자의 열정과 소자본으로 시작하는 경우가 많다. 하지만 여기서 쉽게 간과하는 것이 있다. 초보 Qoo10 셀러인 판매자에게는 상품도 실력도 부족상한 상태이다. 상품수도 많지 않은 초보 셀러의 상점에 들어와 고객들이 구매할 확률이 높을까요? 더 깊게 들어가면 고객들이 당신의 가게를 믿을까? 역지사지로 생각해보면 그 답은 쉽게 나온다.

예를 들어 듣도 보지도 못한 퓨전치킨가게를 열었다고 생각해보자. 일단 전단지 광고라도 진행하지 않은면 가게에 대한 존재를 고객들은 알지 못한다. 또한 기존에 있는 치킨가게들은 맛이 보장 되어 있지만, 새로 오픈한 가게의 치킨 맛은 맛에 대한 보장이 없다. 그래서 고객들은 새로운 가게의 치킨 구매를 주저하게 된다. 10년간의 강의 경험상 대부분의 초보 판매자들은 처음부터 이익만 생각하는 경우가 많다. 요즘 하는 말로 "1도 손해 볼 수 없어"라고 많이들 얘기한다.

초보 판매자는 초보 요리사와도 같다. 그런데 이제 조금 칼질하고 음식을 만들 수 있는데, 이 실력 가지고 큰 돈 벌어야지 생각한다. 그래서 음식을 잘 만드는 노력은 하지 않고 요행만 바라고 어떻게 하면 쉽게 얻을 수 방법이 있지 않을까 생각한다. 그러니 생각만 많아지고 실행으로 옮기는 일은 적어지게 된다.

"나는 잘하고 있으니 절대 손해 보면 안돼~" (나의 요리 실력은 완벽해)
"대박날 수 있는 상품만 올려야해~" (나의 음식은 대박 날꺼야!!)
"왜 이렇게 장사가 안 되지?" (나는 잘하고 있는데 마켓이 별로야~)

모든 사업이 그렇지만 시작하시는 분들에게는 당장의 이익보다는 매출이 중요하다. 이제 조금 요리(리스팅)를 시작할 수 있을정도의 실력입니다. 그런데 레시피 개발(리스팅 실력 및 아이템 발굴)과 배달(해외 배송) 체계도 없는 상황에서 수익을 계산한다는 것은 판매하기도 전에 상품이 대박 날 걱정부터 하는 것이다. 자신의 가게에 많은 고객을 유치하려면 실력을 키워야 한다. 최소한 방문한 고객에게는 기본 맛이라도 제공해야 고객에게 돈을 받을 수 있다. 수익이 아니라 살아남는 방법에 힘을 써야 한다. 이미 요리, 포장, 배달 잘하는 가게들은 많다. 같은 음식으로 못이길 것 같으면 레시피를 바꿔보던지~ 포장방법을 바꿔보던지~ 아니면 다른 음식을 팔아야 한다. 이렇게 여러 시도하다 보면 음식재료나 시간을 손해 보게 된다. 하지만 이런식으로 자신만의 가게 운영노하우를 쌓게 되면 살아남게 되어 있다. 100만 원 매출을 만들어 봐야 500만 원, 1000만 원 매출을 만들 수 있다. 갑자기 1억 매출이 난다해서 초보 판매자가 감당할 수 있는 매출이 아니다. 처음부터 요행보다는 꾸준함이 필요하다는 것을 잊지 말아라.

06 _ 해외 온라인 판매채널 확대

Qoo10 재팬에서 안정적인 매출을 만들었다면 반드시 판매 채널을 넓혀야 한다. 필자가 말하는 안정적인 매출은 Qoo10을 1년 이상 운영하고 월 매출이 3천 만원 이상인 경우를 말한다. Qoo10에서도 매출을 못 만들면 다른 마켓에 진출해도 매출을 못 만드는 것은 동일하다. 그래서 반드시 Qoo10에서 매출을 만들고 다음 시장을 생각하길 바란다.

1 _ Amazon

Amazon 마켓은 현재 전 세계에서 가장 핫한 시장이다. 전 세계 뉴스에서도 가장 많이 언급하는 마켓이기도 하다. 최첨단 물류 시스템을 기반으로 특히나 미국 온라인 시장에서 압도적인 점유율을 자랑하고 있다. 현재 아마존 재팬도 일본 이커머스 시장에서 1위를 달리고 있다. Amazon 진출을 원한다면 우선 미국과 일본 시장을 먼저 공략할 것을 추천한다.

Amazon 시장의 특징
- 한국에서 회원 가입 및 판매가 가능하다.
- 현재 까다로운 심사 때문에 회원 가입이 쉽지는 않다.
- 제품만 좋다면 전 세계 마켓 중 가장 좋은 매출을 만들 수 있다.
- 각종 규제가 심해 상품등록과 판매가 쉽지 않다.
- 아마존의 FBA 시스템을 이용하면 배송직원과 CS 직원이 필요 없다.
- Amazon의 여러 정책으로 판매자 계정이 영구 정지 될 수 있는 위험성이 다른 마켓에 비해 높다.

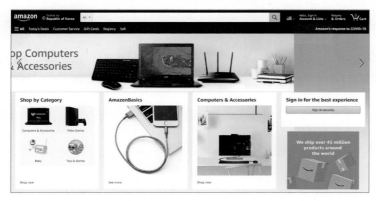

2 _ 이베이 (eBay)

아마존 이전에는 이베이가 미국시장 및 해외 마켓을 장악했다. 아마존 때문에 기세가 많이 꺾인 상태이지만 아직도 전 세계적으로 이베이를 이용하는 구매층은 많다. 판매되는 아이템도 아마존과 이베이는 다소 차이가 있는 편이다. 그렇기 때문에 이베이는 꼭 진출해봐야 하는 시장이기도 하다. 아마존을 기반으로 이베이에 진출한다면 매출 성장도 기대할 수 있다. 이베이 코리아는 한국 이베이 셀러들을 별도 지원하고 있다.

대부분의 한국 셀러들이 ebay로 시작했기 때문에 이베이 관련 정보도 책과 온라인으로 쉽게 접할 수 있다.

이베이 시장의 특징

- 전 세계 180여국 대상으로 상품을 판매 할 수 있다.
- 판매 정산시스템이 빠르다. (3일이면 판매자 한국 통장으로 정산 금액을 입금 시킬 수 있다.)
- 셀러 가입 절차가 다소 쉽다.
- 광고가 없어 공정 경쟁을 기대할 수 있다.
- 아마존과 달리 모든 카테고리를 바로 판매 할 수 있다.
- 최근 아마존의 FBA 시스템과 비슷한 배송 시스템을 운영하고 있다.

3 _ 쇼피 (Shopee)

쇼피는 현재 급성장하고 있는 동남아 시장을 타켓을 한 마켓이다. 동남아 시장은 평균연령 29세와 인터넷 보급률 55%을 기반으로 온라인 전자 상거래가 빠르게 성장하고 있다. 쇼피는 인도네시아, 싱가폴, 말레이시아, 필리핀, 태국, 베트남 등에 현지 플랫폼을 두고 있다. 쇼피는 동남아 시장에서 온라인 마켓 후발 주자임에도 불구하고 진출한 각 국가에서 선두에 서고 있는 마켓이다.

쇼피(Shopee)의 특징

- 한국에서 회원 가입 및 판매가 가능하다.
- 한국 셀러의 지원 정책이 좋은 편이다.
- 인도네시아, 말레이시아, 싱가폴 등 매출이 좋은 편이다.
- 동남아 배송을 지원하는 배송 업체가 있다.
- 앞으로 성장 가능성이 높은 마켓이다.

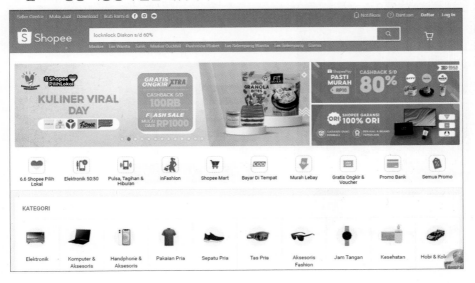

4 _ 위시닷컴 (wish.com)

위시는 미국에 본사가 있으며 중국 기반의 e-commerce 시장이라고 생각한다. 위시는 모바일 전문 해외 마켓이라고 생각한다. 구매층은 대부분 미국지역의 젊은층이며 중국 셀러와 상품이 대부분이다.

위시닷컴의 특징

- 위시는 저렴하고 브랜드가 없는 옷, 액세서리, 스마트폰 케이스 등이 많다.
- 판매 정산 금액은 Payoneer를 통해 받을 수 있다.
- 간단한 이미지와 설명으로 상품등록이 가능하다.
- 위시 셀러 회원 가입은 www.merchant.wish.com을 통해 한다.
- 위시 한국 담당자 연락처 : jerry@wish.com

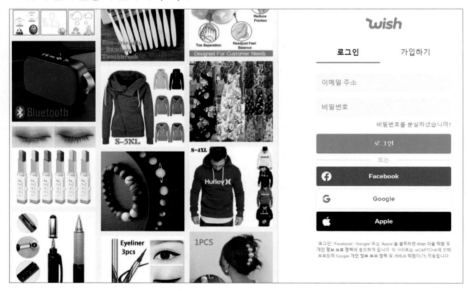

혼자서도 할 수 있는 실용서 시리즈

IT, 쇼핑몰, 홈페이지, 창업, 마케팅 등의 실무 기능을 혼자서도 배울 수 있도록
차근차근 단계별로 설명한 실용서 시리즈이다.

혼자서도 할 수 있는
아마존 월 매출 1억 만들기 [3판]_아마존 JAPAN 추가
무재고 무자본으로 바로 시작하는 아마존 판매!

장진원 저 | 17,500원

누구나 따라할 수 있는 기막힌
중국 구매대행! 끝장 매뉴얼
중국 구매대행의 전설 '중판' 대표의 300만 원으로 30
억 번 비밀 노하우 대공개!

이윤섭 손승엽 공저 | 16,500원

한 권으로 끝내는
타오바오 + 알리바바 직구 완전정복
타오바오 알리바바 직구 실제 절차 그대로 전 과정을
순서대로 담았다!

정민영, 백은지 공저 | 17,500원

높은 마진으로 판매하는 탑셀러들의 비밀
글로벌 상품소싱 쉽게 따라하기

이중원 저 | 16,500원

혼자서도 할 수 있는 실용서 시리즈

IT, 쇼핑몰, 홈페이지, 창업, 마케팅 등의 실무 기능을 혼자서도 배울 수 있도록
차근차근 단계별로 설명한 실용서 시리즈이다.

혼자서도 할 수 있는
알리바바 도소매 해외직구 [개정판]
무역을 1도 몰라도 바로 시작하는, 알리바바 해외직구
로 창업하기

이중원 저 | 16,500원

이렇게 했더니 인스타마켓으로 6억 벌었어요!
무재고 무자본으로 시작해서 억대 매출 올리는 인스타그램
공동구매 실전북!

황지원 저 | 15,000원

네이버쇼핑 상위노출에 강한
스마트스토어 창업+디자인+마케팅 [2판]
실전! 스마트스토어 테마 디자인 제작과 꾸미기

강윤정, 박대윤 공저 | 18,800원

픈마켓 쇼핑몰 G마켓/옥션 쿠팡 네이버 스마트스토어
상세페이지 제작 [개정 4판]

김대용, 김덕주 저 | 17,500원